Prontuario de Términos Jurídicos

Arturo Manuel Arias Sanchéz

PÁGINA LEGAL

340-Ari-P

Arias Sánchez, Arturo Manuel

PRONTUARIO BÁSICO DE TÉRMINOS JURÍDICOS / Arturo Manuel Arias Sánchez. -- La Habana : Editorial Universitaria, 2013. -- ISBN 978-959-16-2178-8. -- 205 pág.

1. Arias Sánchez, Arturo Manuel
2. Derecho

Digitalización: Dr. C. Raúl G. Torricella Morales, (torri@mes.edu.cu)

ÍNDICE DE CONTENIDOS

PRÓLOGO DEL AUTOR

Esta pequeña obra no pretende ser un glosario ni mucho menos un diccionario de términos jurídicos. Nuestra literatura técnica ya cuenta con varios de ellos, escritos por autores más dotados.

Aspira a devenir, sin contrapunteos doctrinarios, en un medio camino entre Expresiones y Términos Jurídicos de los apreciados colegas José Luís Arzola Fernández y Marzio Luís Pérez Echemendía (Editorial Oriente 2009) y los Libros Primero, Segundo y Tercero de los Gazapos, de Fernando Carr Parúas (Editorial Ciencias Sociales 2010, 2011 y 2012, respectivamente), sin la excelencia de estos.

Es, así, sencillamente un grupo de palabras que "las amo, las adhiero, las persigo, las muerdo, las derrito", como dijo Neftalí Ricardo Reyes Basoalto, verdadero nombre de Pablo Neruda (1904-1973), utilizadas con frecuencia por los juristas y medios cubanos de información que trasciende cotidianamente a la población.

Un segmento importante de esta última se integra por adolescentes y aficionados al Derecho, y a ellos se encamina este esfuerzo, así como también a los estudiantes de esta carrera en la disciplina de Fundamentos históricos del Estado y del Derecho.

Deseo que el *Prontuario Básico de Términos Jurídicos* avive la pasión entre sus lectores por esta disciplina social.

Con tal perspectiva, he intentado, en la medida de lo posible, concatenar los vocablos compilados y comentados con sucesos de la cultura universal y con ello, fijar en la memoria del lector conceptos jurídicos y aumentar su caudal cultural integral.

Así pues, ¡confiar y esperar!

¡Aquí van! Y como dijo el Tercer Descubridor de Cuba (¿sabes quién fue?), todo con *ciencia, conciencia y paciencia*.

Omnis definitio in iura civili periculosa est.

Toda definición en derecho civil es peligrosa.

Digesto.

Abogado

¡Que entre abogados te vea!, le espeta un ciudadano a otro a manera de maldición por los dolores de cabeza que provocan los pleitos.

¡Tres abogados reunidos, cuatro respuestas!, reza en un refrán francés ante la diversidad de opiniones vertidas por estos sobre un mismo asunto.

A pesar de tales escarnios, la profesión de ***abogado*** es muy respetada en nuestro país, cuna de ilustres letrados. ¿Recuerdas algunos de ellos? Espero que sí.

La palabra ***abogado*** desciende del latín "***advocatus***" que significa "llamado" o "a voz", dado que los abogados hablan en los tribunales a favor de sus representados o defendidos. Mas, ¿quién es un abogado?

El abogado es un graduado universitario de la carrera de Derecho pero para recibir tal denominación, en nuestro país, debe estar incorporado a la Organización Nacional de Bufetes

Colectivos los cuales fueron institucionalizados a partir de la Ley Número 1250 de 23 de junio de 1973 y ratificados por legislaciones posteriores. El ejercicio de la profesión se regula en el Decreto-Ley Número 81 de fecha 8 de junio de 1984.

El resto de los graduados que no ejerce la abogacía, recibe por derecho propio, el calificativo genérico de **juristas.** En otras palabras, todos los abogados son juristas pero no todos los juristas son abogados. No es un silogismo pero es la realidad.

Así tenemos que otros juristas o profesionales del Derecho se desempeñan como jueces, fiscales, notarios, asesores, consultores y profesores. ¿Qué te parece?

Finalmente, todos los juristas cubanos se integran en la Unión Nacional de Juristas de Cuba, organización no gubernamental fundada en 1977.

Absolver

El 16 de octubre de 1953 el líder de los asaltantes al Cuartel Moncada, en la vista oral del juicio seguido en su contra, pronunció su famoso alegato de autodefensa "La historia me absolverá".

Fidel intuía que sería condenado severamente por el tribunal que le juzgaba pero, por la nobleza de la causa, dejaba su absolución a la historia. Así fue.

El término ***absolver*** (y la familia de palabras que de él se deriva) procede del latín ***absolvere*** y significa que un pronunciamiento judicial, si civil, hace culminar un pleito enteramente a favor del demandado; si penal, el fin del proceso incoado contra el acusado por su evidente inocencia.

El Digesto, legado del derecho romano, parte integrante del monumental Corpus Iuris Civilis o Cuerpo de Derecho Civil, ordenado por el emperador Justiniano (529-565 ne) formula el siguiente precepto, esencia misma de lo abordado: "El que puede condenar, tiene también la potestad de absolver".

Una advertencia: no confundir ***absolver*** con la palabra **absorber**, parónimo cuya harina es de otro costal.

Acción

Resulta muy conocida en el mundo cinematográfico la frase ¡Cámaras, luces, acción!, pronunciada por el director de la película que se rueda o un auxiliar suyo. Con ella se imparte la orden de iniciar la filmación de la escena y sus protagonistas actúan.

Efectivamente, en un lexicón cualquiera el vocablo ***acción*** denota el efecto de hacer. Ni más ni menos en el ámbito jurídico.

El ejercicio de la ***acción*** es el fundamento de todo derecho procesal. Para el emperador bizantino Justiniano (482-565 ne) la ***acción*** no es otra cosa que el derecho de reclamar en juicio lo que a uno se le debe.

Su origen semántico-jurídico se remonta a la ***actio*** romana, ya recogida en la primera de las XII Tablas o ley romana escrita (451-450 a.n.e.) por los patricios encaminada a ser observada por los plebeyos.

Así pues, la ***acción*** es el detonante que inicia un proceso judicial encaminado a hacer valer un derecho subjetivo o personal.

Dos ejemplos: el artículo 53 del Código de Familia cubano dispone que la ***acción*** de divorcio podrá ejercitarse indistintamente por cualquiera de los cónyuges, en tanto que el 54 del propio cuerpo refrenda que dicha ***acción*** podrá ejercitarse en todo tiempo.

Acusar

En el periódico parisino La Aurora, el día 13 de enero del año 1898, apareció publicada la carta abierta "Yo acuso", dirigida al pueblo francés por el novelista Emilio Zola (1840-1903), cuyo título pasó a la posteridad como un manifiesto donde el escritor denunciaba a las autoridades francesas de entonces, civiles y militares, por admitir pruebas falsas en contra del capitán del ejército Alfredo Dreyfus, acusado de traición a la patria, en amañado proceso judicial caracterizado por un rancio antisemitismo. La postura del intelectual contribuyó decididamente a la causa del oficial.

Buen ejemplo de utilización del verbo ***acusar*** *(del latín* ***accusare)*** de frecuente empleo en el ámbito de nuestro Derecho Penal, de donde podemos concluir que significa imputar a alguien alguna culpa, vicio, delito o cualquier cosa vituperable.

La Habana : Editorial Universitaria, 2013. -- ISBN 978-959-16-2178-8

Nuestra Ley de Procedimiento Penal utiliza muchas veces el participio pasivo, sustantivado, de acusar, ***acusado***, en sus preceptos.

El segundo párrafo de su artículo 1 recoge que se presume inocente a todo ***acusado*** mientras no se dicte fallo condenatorio contra él.

Adjudicación

Nuestra deuda con el latín, madre de las lenguas romances, es doble: primero por el legado propiamente lingüístico, y segundo, por la cultura jurídica que soporta, heredada por nuestro derecho.

El término ***adjudicación*** es un buen ejemplo. Etimológicamente procede de dos voces latinas: el prefijo **ad** (según, unión) y la palabra **judice** (juez). De lo que se infiere "lo dispuesto por el juez", ya que era este el funcionario romano que en un pleito convertía en dueño, por su decisión, a uno de los litigantes.

Es así entonces que la **adjudicación** permite a un sujeto hacer suyo el dominio sobre ciertos bienes, o más simplemente, equivale a convertirse en dueño de algo.

La palabra de marras es muy utilizada en el ámbito de la herencia de viviendas. Puedes verla en pleno ejercicio si lees el artículo 76 de la Ley Número 65 de 1988.

Adopción

La institución familiar de la **adopción** es tan vieja como la propia humanidad. Cuando un niño perdía a sus padres, por una razón u otra, aparecían o designaban padres sustitutos.

En la Roma esclavista un sujeto legalmente extraño a una familia podía ingresar en ella en calidad de descendiente y quedar sometido a la potestad paterna del jefe o cabeza de familia.

La adopción tiene naturaleza jurídica al establecer una nueva relación de familia que imita, en lo posible, la relación natural existente entre padres e hijos.

Adoptar (del latín ***adoptare***: palabra compuesta por el prefijo ***ad***, "para", "hacia", "cerca", "más", y el sufijo ***optare***, opción, elección) significa tomar legalmente como hijo a quien no lo es naturalmente y en su ejercicio se diferencian dos personas: el **adoptante**, el que a partir de este acto se convertirá en el padre y el **adoptado** o persona que es objeto de la adopción.

Nuestro Código de Familia regula la **adopción** desde su artículo 99 hasta el 116.

De entre ellos vale la pena citar los más esclarecedores, que a mi entender, lo son el 99, el 100, el 101 y el 103 los que te aportarán una visión global de tan importante institución familiar.

Pinceladas de los mismos son los apuntes de más abajo.

Artículo 99: La **adopción** se establece en interés del mejor desarrollo y educación del menor.Artículo 100: Dos, entre otros, requisitos exigidos al **adoptante** son haber cumplido 25 años de edad y gozar de excelentes condiciones morales.Artículo 101: La **adopción** corresponde a ambos cónyuges.Artículo 103: Sólo podrán ser **adoptados** los menores de 16 años de edad que se encuentren en los casos descritos en el propio precepto, te cito solo dos: que los padres no sean conocidos o que los menores no estén sujetos a patria potestad.Si deseas abundar en el tema, consulta los referidos artículos.

Una **adopción** histórica: Cayo Julio César (100-44 a.n.e.), el general romano conquistador de las Galias, adoptó a quien sería el futuro emperador Augusto (63 a.n.e.- 14 ne), su sobrino Cayo Octavio.

Ambos personajes históricos dieron sus nombres a los meses de julio y agosto. ¿Lo sabías?

Albacea

La presencia árabe de ocho siglos en España se aprecia en el legado lingüístico.

Muchas son las palabras que heredamos. Sólo te menciono tres: aljibe, almohada y alcohol. Los vocablos jurídicos también se beneficiaron. Uno de ellos es la voz **albacea**.

"Dejo por mis **albaceas** al señor cura y al señor bachiller Sansón Carrasco, que están presentes", dijo al escribano Alonso Quijano el Bueno, llamado comúnmente don Quijote de la Mancha.

La Habana : Editorial Universitaria, 2013. -- ISBN 978-959-16-2178-8

Tres días más tarde, el Caballero de la Triste Figura abandonaba este mundo, desfallecido de luchar contra molinos de vientos y toda clase de entuertos.

La voz **albacea** procede del árabe ***al-wasiyya*** y significa “disposición testamentaria”, razón por la cual Quijote disponía de sus bienes en el testamento que otorgaba al escribano y en él nombraba a los administradores de los mismos, como postrera voluntad.

Entonces, el **albacea** es la persona (o personas) a quien el testador encarga el cumplimiento de lo que dispone en su testamento como expresión de su última voluntad. Así, en el ejemplo literario ofrecido, el cura del pueblo y el bachiller Sansón Carrasco, fueron los **albaceas** nombrados por Don Quijote para cumplir con sus disposiciones testamentarias.

Los artículos 478, 505, 506 y 508 de nuestro Código Civil delinean la figura del albacea en la herencia testamentaria y las facultades inherentes a su desempeño o **albaceazgo**. De entre estas, te destaco la de conservar y administrar los bienes que integran la herencia del finado.

Alimento

Cuando Hércules, el mitológico personaje hijo de Zeus “tonante” y Alcmena, sostuvo combate mortal con su primo Anteo, hijo de la diosa Gea y Poseidón, tuvo que levantarlo en vilo para evitar que las plantas de sus pies estuvieran en contacto con la tierra, a través de la cual su madre le trasfundía descomunales fuerzas y, cortándole así el sustrato

La Habana : Editorial Universitaria, 2013. -- ISBN 978-959-16-2178-8

alimenticio materno que recibía, ahogarlo en abrazo letal. Bonito mito que revela la importancia de los alimentos.

La voz ***alimento*** (del latín **alimentum**), como es obvio, significa cosa que alimenta o nutre, pero para el derecho este término tiene una connotación más amplia, mucho más allá de propiedades nutritivas o digestivas.

Nuestro Código de Familia, en su artículo 121, ofrece la definición que para nuestro Derecho son los alimentos. Afirma que "se entiende por **alimentos** todo lo que es indispensable para satisfacer las necesidades de sustento, habitación y vestido, y en el caso de los menores de edad, también los requerimientos para su educación, recreación y desarrollo".

¡Escapa nada para el legislador cubano!

Es bueno identificar también que el obligado a dar alimentos es el **alimentante** en tanto que el que tiene el derecho de recibirlos se denomina **alimentista**.

Por otra parte, abunda mucho en la literatura jurídica el término pensión **alimenticia** cuando en verdad, hablando con mayor corrección, debe decirse pensión **alimentaria**, toda vez que, al fin y al cabo, las pensiones no se comen aunque en sentido amplio, pueda inferirse tal connotación.

Amortización

La palabra **amortizar** literalmente significa "dar muerte" y es voz muy empleada en el campo de las relaciones laborales. De ella se deriva la expresión amortización de plaza cuya más fidedigna interpretación es la que ofrece el inciso a) del artículo 1 del "Reglamento sobre el tratamiento laboral y salarial aplicable a los trabajadores disponibles e interruptos", promulgado por el Ministerio de Trabajo y Seguridad Social el 6 de septiembre de 2011 y dice así: **amortización** de plaza es la "acción de cancelar o desactivar una plaza que hasta ese momento venía siendo ocupada con carácter permanente".

Más adelante, la propia resolución administrativa informa en su artículo 3 que la **amortización** de plazas responde a procesos de reorganización de los órganos del Estado y el Gobierno, organismos de la administración central del Estado y otras entidades nacionales; a procesos de racionalización por cambios estructurales o conversiones de entidades laborales; a fusión o extinción de entidades laborales; a cambios técnicos o tecnológicos o disminución del nivel de actividad y a estudios de organización del trabajo u otras medidas que permitan un uso más racional de la fuerza de trabajo.

Los trabajadores que abandonan sus plazas por **amortización** de las mismas son declarados disponibles y están sujetos a las disposiciones presentes en el mencionado Reglamento en cuanto al tratamiento laboral y salarial que recibirán a partir de entonces.

Apelar

En la antigua ciudad-estado griega de Esparta el órgano supremo de poder era una asamblea popular llamada Apella, integrada por los pocos ciudadanos que gozaban plenamente de sus derechos (los esclavos estaban, por supuesto,

La Habana : Editorial Universitaria, 2013. -- ISBN 978-959-16-2178-8

excluidos). Recibía este nombre debido a que podía ser convocada al llamado de sus miembros.

De aquí que, sostienen algunos, la palabra ***apelar*** o llamar proviene de tal estructura de gobierno.

Efectivamente, ***apelar***, en simple español, significa recurrir a otra persona o cosa. De igual modo, sucede en el mundo del Derecho, sobretodo en su costado procesal.

Para nuestras leyes de procedimiento civil y penal, la **apelación** no es más que recurrir a otro tribunal superior dado la inconformidad mostrada con el fallo emitido por un tribunal inferior.

Un ejemplo basta: si un tribunal municipal se pronuncia en su sentencia a favor de uno de los vecinos litigantes en un proceso ordinario sobre limitaciones derivadas de las relaciones de vecindad, el otro puede **apelar** al tribunal provincial.

La **apelación** y sus congéneres judiciales de súplica y casación son recursos procesales a los que los profesionales del Derecho acuden una y otra vez, cuando litigan en nuestros tribunales.

Artículo

Para localizar el número telefónico de un cliente de ETECSA basta con buscar la provincia y el municipio de residencia en la Guía y, finalmente, rastrear en la lista alfabética su primer apellido, el segundo, el nombre y la dirección domiciliaria abreviada del mismo y, por fin, su teléfono.

La Habana : Editorial Universitaria, 2013. -- ISBN 978-959-16-2178-8

Con esa coherencia se estructuran, básicamente, las guías telefónicas cubanas.

Algo por el estilo sucede en las normas jurídicas, tienen un elemento esencial que las vertebra: el **artículo**.

El origen mixto de la palabra (latín ***articulus***; griego ***arariskein***) significa en uno u otro antecedente, unión o fijación. De ahí que el **artículo** es la célula básica de un texto legal y su tejido conforma una ley o un código.

El número del **artículo** constituye el referente para hallar el precepto buscado, cual si fuera una guía telefónica.

Con un poco más de rigor técnico, se puede afirmar que el **artículo**, generalmente, es, dentro de la sistematización del derecho, la partícula elemental en que se divide una norma jurídica y para su invocación lleva un número arábigo consecutivo que sirve para citarlo.

Aprecia en las siguientes leyes cubanas cuán numerosos resultan: Código Civil, 547 artículos; Código Penal, 348 artículos; Código de Trabajo, 308 artículos y Ley de Seguridad Social, 113 artículos.

Pero aquí no termina el asunto. Varios **artículos** integran una sección; a su vez, varias secciones integran un capítulo; la reunión de los capítulos conforman un título y varios títulos conforman un libro; finalmente, dos o tres o más libros dan la estructura a la ley o código. Todo ello en pos de un rigor lógico y coherente en las instituciones jurídicas que se aglutinan.

¡Nada! Una ley es más compleja que una guía telefónica, como podrás apreciar.

La Habana : Editorial Universitaria, 2013. -- ISBN 978-959-16-2178-8

Asesino

Palabra que proviene de la voz árabe ***hassasin*** *(y a su vez esta de otra,* ***hasis*** *o hierba en el propio idioma*) que significa adictos al cáñamo indio o cannabis (hachís), planta de la cual se extraen sustancias estupefacientes utilizadas en la elaboración de drogas, razón por la cual los delincuentes se mataban unos a otros en su obtención y comercialización, según el mito de un personaje de la edad media árabe, el "Viejo de la montaña", jefe de una secta muslímica de traficantes.

Así pues, ***asesino*** es el que asesina o mata a otra persona. Tal actuar es recogido por nuestro Código Penal y sancionado con las más severas penas contempladas en el mismo.

Autores como Arthur Conan Doyle (1859-1930) y Agatha Christie (1890-1976) basan sus relatos novelescos policiales en personajes asesinos, siempre descubiertos al final de las tramas. Títulos clásicos son El Sabueso de los Baskerville y Crimen en el Expreso Oriente, respectivamente. ¿Ya los leíste?

Bien

Del latín ***bene*** heredamos la palabra ***bien*** cuyas acepciones son numerosas en español. Consulta un diccionario cualquiera y lo comprobarás.

Nos limitaremos a su significado como sinónimo de cosa, patrimonio, hacienda o caudal.

La teoría del derecho romano desplegó una extensa diferenciación de los **bienes,** tanta como para abrumar a los estudiantes de Derecho con su clasificación. Solo menciono dos: los bienes muebles y los bienes inmuebles que tu experiencia no hace necesario explicar. ¿Verdad?

Nuestro Código Civil regula las relaciones de propiedad y otros derechos que pueden ser ejercidos sobre los bienes.

¡Importante! No confundas el término **bienes** con su homófono **vienes**, del verbo venir, conjugado en segunda persona del presente del modo indicativo, y muchísimo menos con **vienés**, el natural de la capital de Austria.

Analiza la siguiente frase de Epicuro (341-270 a.n.e.), filósofo materialista griego, vinculada con nuestra palabra: "Nada le bastará a aquel que no tiene bastante con poco".

La Habana : Editorial Universitaria, 2013. -- ISBN 978-959-16-2178-8

Bufete

Esta palabra procede del francés **buffet** y significa aparador, mesa de escribir con cajones y estudio o despacho de un abogado. Esta última definición es la más apropiada a los efectos que perseguimos.

El sabio cubano Don Fernando Ortiz y Fernández (1881-1969), el Tercer Descubridor de Cuba y su primer criminólogo, tuvo un bufete en la capital habanera y fueron auxiliares suyos Rubén Martínez Villena (1899-1934) y Pablo de la Torriente Brau (1901-1936).

Como se apunta más arriba, los bufetes privados para el ejercicio de la abogacía desaparecieron poco después del triunfo revolucionario de 1959 y, socialmente se institucionalizaron con la Ley 1250 del año 1973, norma que les reconoció existencia jurídica a los denominados Bufetes Colectivos, integrados a partir de entonces, en su Organización Nacional con representación en las provincias y municipios del país.

Entonces, ¿qué es un bufete colectivo?

El bufete colectivo es una unidad, dentro de la Organización Nacional de Bufetes Colectivos, destinada a la prestación del servicio jurídico a las personas naturales y jurídicas por los abogados adscriptos a la misma.

De tal suerte, el abogado de un bufete colectivo evacua consultas y dirige, representa y defiende los derechos de una persona natural o jurídica ante los tribunales de justicia y los organismos administrativos en el territorio nacional, así como ante los órganos, organismos y organizaciones extranjeras o internacionales.

Así pues, el abogado del bufete tramita tu divorcio o te defiende en un proceso penal, amén de otras circunstancias de derecho donde es necesaria su intervención.

¿Complacido? Eso espero.

La Habana : Editorial Universitaria, 2013. -- ISBN 978-959-16-2178-8

C

Caducidad

Rezaba la siguiente frase al pie de un reloj de sol: "Todas hieren, la última mata".

Obviamente se refería al transcurso del tiempo, de sus horas, en la perecedera vida humana.

El tiempo, como forma de existencia de la materia, influye decisivamente en el Derecho.

La voz **caducidad** (proviene del latín ***caducus,*** viejo o decrépito) es la acción y efecto de caducar. A su vez, caducar significa perder fuerza, perecer, poco durable, extinción de un derecho. Es esta última acepción la más pertinente para nuestro propósito didáctico.

Los artículos 125 y 126 del Código Civil cubano plasman este concepto. El primero de ellos, en su final, consigna que "los derechos caducan por el simple transcurso del tiempo".

Un ejemplo, tomado de la vigente Ley de la Vivienda (1988) nos ilustra al respecto. Su Disposición Transitoria

Séptima conminó a los usufructuarios onerosos y ocupantes legítimos de viviendas a que podrían optar por adquirir su propiedad, satisfechos los requisitos exigidos, dentro del término de dos años. En otras palabras, tales personas disponían de dos años para adquirir tal condición dentro del lapso señalado: si no lo hacían, caducaba su derecho; cada vez que el sol salía por el oriente y se ponía en el occidente, era un día a descontar en los dos años concedidos, de manera inexorable.

De lo narrado se desprende una moraleja: ¡ejercita tu derecho en el término legal concedido, so pena de que caduque!

¡Ah, se me olvidaba! El término lapso, implícitamente, significa tiempo, de aquí que resulte redundante decir en un lapso de tiempo; con decir lapso es suficiente, además del respeto a la belleza de nuestro idioma.

Capacidad

El latín, como en muchísimas otras, nos legó esta palabra al castellano. Su grafía original es ***capacitat*** o ***capacitas***. En nuestra lengua se entiende por **capacidad**, como algunas de sus acepciones, las de "inteligencia", "preparación", "disposición para entender bien las cosas".

Para el Derecho contemporáneo toda persona posee **capacidad**, plena o restringida, para ser un sujeto de derechos y obligaciones.

La Habana : Editorial Universitaria, 2013. -- ISBN 978-959-16-2178-8

En la Roma imperial los extranjeros tenían limitados sus derechos en tanto que los esclavos no gozaban de ningún derecho.

La capacidad es un atributo jurídico de la persona natural, como tú y yo.

En principio se distinguen en las personas naturales o físicas dos tipos de capacidad jurídica: la de derecho, propiamente, y la de hacer u obrar.

Esta última puede estar limitada en razón de la edad, el sexo, la salud o la condena penal, si existe, de la persona.

Nuestro Código Civil en sus artículos 29, 30 y 31 regula el ejercicio de la capacidad jurídica civil de los cubanos. ¡Consúltalos!

Un ejemplo esclarecedor. La norma nacional descrita dispone que la mayoría de edad de los ciudadanos comienza a los 18 años cumplidos. Si tienes esta edad o más, puedes obtener tu licencia de conducción, si no, no podrías por falta de capacidad para tal acto. ¿Comprendido?

Arribado a dicha edad, se conjugarían las capacidades de derecho y de hacer u obrar en tu persona.

Código

La invención de la imprenta ocurrió en el siglo XV, centuria del descubrimiento de América. No obstante, siglos antes los romanos comenzaron a llamar ***codex*** a cierta publicación manuscrita y copiada por escribanos para su reproducción y divulgación, en forma de libro donde compilaban sus leyes.

El codex estaba compuesto por tablillas enceradas.

De este vocablo proviene nuestro ***código***. El emperador bizantino Justiniano (482-565 ne.) designó así al primer volumen de su Cuerpo de Derecho Civil (528-533 n.e.) el que incluía las opiniones de jurisconsultos y las constituciones imperiales de la época. Su obra fue un intento sistematizador del Derecho.

Hoy se entiende por ***código*** el conjunto de instituciones jurídicas que regula una rama del derecho positivo de un Estado, contenido en una sola ley. La principal ventaja normativa de un ***código*** es el orden lógico y el enlace sistemático entre sus instituciones y conceptos.

Los ejemplos abundan en nuestra legislación vigente: Código de Familia (1975), Código de la Niñez y la Juventud (1978), Código de Trabajo (1984), Código Civil (1987) y Código Penal (1987), entre otros.

Consulta cualquiera de ellos y podrás observar cómo regula cada uno de ellos una esfera de la vida social de nuestro país.

¡Ah, se me olvidaba! El ***Código*** de Da Vinci no tiene nada que ver con lo expuesto. ¿Leíste la novela o viste la película? Interesantes ambas.

La Habana : Editorial Universitaria, 2013. -- ISBN 978-959-16-2178-8

Competencia

En la olimpiada del deporte cubano los que en ella participan exhiben sus habilidades atléticas en cada una de sus ***competencias.***

Un trabajador de desempeño superior satisface las ***competencias*** laborales del puesto que ocupa.

Tanto en un ejemplo como en el otro, el deportista y el trabajador muestran que su aptitud física y mental es la apropiada para la actividad que ejercitan.

El término **competencia** (derivado de la voz latina ***competens***) quiere decir aptitud, idoneidad, adecuado, acepciones que pueden ser traspoladas al ámbito judicial y administrativo en nuestro país.

De tal forma un tribunal o una autoridad administrativa tiene la facultad, concedida por la ley vigente, para conocer de un asunto con exclusión de cualquier otra del mismo grado jerárquico.

Nuestras leyes procesales civil y penal delimitan la **competencia** de cada uno de los tribunales que integran el sistema judicial cubano.

Aprecia lo expuesto en los ejemplos siguientes: para la persona que pretende reclamarle alimentos a otra, la demanda debe establecerla en el tribunal municipal, que es el competente para dicho asunto; si se tratara de un delito sancionable con privación de libertad que no exceda de tres años o multa no superior a mil cuotas o ambas, entonces también el tribunal **competente** para juzgar es el municipal.

La Habana : Editorial Universitaria, 2013. -- ISBN 978-959-16-2178-8

Por supuesto, existen numerosas circunstancias que hacen derivar la **competencia** de un tribunal a otro, pero con lo ejemplificado, basta.

En fin, los tribunales pueden ser **competentes** para conocer de un asunto en razón de la materia o cuantía de que trate aquel.

Confiscación

La **confiscación** de bienes como sanción penal nace de la avaricia de los emperadores romanos. La **confiscación**, unida como siempre iba con la muerte, no recaía sobre el presunto criminal sino sobre sus hijos. Estos se afectaban de modo directo, y no en una pequeña porción, como la multa sino en la totalidad de sus bienes: mientras aquel pagaba con su vida, estos perdían todos sus bienes.

La **confiscación** (latín: ***con***, preposición inseparable que expresa reunión, junta y ***fiscus***, tesoro) de bienes exige, para su consumación, que la ordene una autoridad competente (un tribunal u órgano jurisdiccional) y fundada en la ley.

El Código Penal cubano contempla como sanción accesoria a la principal, en su artículo 44 la **confiscación** de bienes, la que "consiste en desposeer al sancionado de sus bienes, total o parcialmente, transfiriéndolos a favor del Estado".

A seguidas aclara que "la **confiscación** de bienes no comprende, sin embargo, los bienes u objetos indispensables para satisfacer las necesidades vitales de sancionado o de los familiares a su abrigo".

Podrás apreciar cómo nuestra **confiscación** de bienes se aleja decididamente de aquella concebida por los emperadores romanos.

Constitución

Afirman los ingleses que en su país fue promulgada la primera **constitución** del mundo en el año 1215 bajo el reinado de Juan Sin Tierra (1167-1216), sucesor de su hermano Ricardo I, Corazón de León (1157-1199), monarca muy ocupado en rescatar el llamado Santo Sepulcro en Jerusalén; otros por el contrario niegan la jerarquía del documento que libró.

Cierto o falso, se habla desde entonces, con un acento más moderno de **constitución**, aunque ya griegos y romanos en su época esclavista tenían las suyas.

Ahora bien, ¿qué es una **constitución**?

Una **constitución** es la ley suprema de un Estado, a cuyo amparo se proclama el orden económico, político y jurídico que debe regir los destinos de un país.

También la constitución es conocida como carta magna, ley de leyes o ley fundamental, todos ellos resaltando su elevado rango normativo.

La **Constitución** cubana de 1976 (modificada en dos oportunidades, en 1992 y 2002) recoge el anhelo martiano de

La Habana : Editorial Universitaria, 2013. -- ISBN 978-959-16-2178-8

que "la ley primera de nuestra república sea el culto de los cubanos a la dignidad plena del hombre".

La historia de las **constituciones** en Cuba se inicia con la promulgada por los mambises en 1869, en el poblado camagüeyano de Guáimaro.

Es prudente consignar que el término **constitución** deriva del latín ***constitutus,*** significando acción de constituir, componer o establecer.

Ciertamente una **constitución** establece o compone los rasgos de un Estado.

Consuetudinario

La costumbre, la define un diccionario escolar cualquiera, como hábito adquirido o práctica con fuerza de ley.

La segunda acepción fue predominante en los sistemas jurídicos inspirados en la propiedad privada sobre los medios de producción.

Cuando la costumbre se convirtió en derecho alcanzó el nombre de **consuetudinario** (del latín ***consuetudo***: costumbre) y devino en fuente jurídica, baluarte indubitado para quienes la invocaban.

El derecho socialista no admite la costumbre como fuente inspiradora del mismo.

Así pues, el derecho **consuetudinario**, donde se admita, está integrado por los usos y las costumbres "jurídicas" del lugar y no figura en el texto de ninguna norma legal, aunque puede darse el caso de haber sido compilado.

Cierro el tema con dos principios de derecho; reflexiona qué exponen sobre la costumbre y pondera el valor contradictorio entre ambos:

"La práctica es regla"."La costumbre no debe prevalecer sobre la razón o la ley".

Contraloría

Aunque su actuación se orienta, entre otras, al control de las acciones de auditoria y supervisión, el nombre de **contraloría** no deriva de aquel sino de voz francesa cuyo significado es "contra el oro", figurada expresión de lucha contra la corrupción, el latrocinio y el despilfarro de los recursos financieros públicos.

La **Contraloría** General de la República de Cuba, creada por la Asamblea Nacional del Poder Popular hace apenas dos años, es un órgano estatal cuya misión es auxiliar a aquella y al Consejo de Estado, en la ejecución de las más alta fiscalización sobre los órganos del Estado y del Gobierno, así como proponer la política integral del Estado en materia de preservación de las finanzas públicas y el control económico-administrativo.

Cada provincia de nuestro país cuenta con las correspondientes Contralorías de este nivel jerárquico. Las máximas autoridades que las encabezan son denominados **contralores**. Así pues, el **contralor** es el funcionario de la

Contraloría General que dirige, asesora y supervisa el cumplimiento de las acciones, funciones y atribuciones de esta.

La Ley 107 de 2009 es la principal norma jurídica que regula la existencia de la **Contraloría** General de la República de Cuba.

En fin, la **Contraloría** vela por el buen destino de los recursos financieros del Estado cubano.

Contrato

Si descompones la palabra **contrato** en sus elementos semánticos (***con***: preposición que expresa reunión o cooperación; ***trato***: acción de tratar o tratarse), se infiere en ella la existencia de un acuerdo de, al menos, entre dos personas. Y eso es precisamente, en Derecho, un contrato.

El **contrato**, históricamente, se ha definido como el acuerdo de voluntades por el que se crea, modifica o extingue un derecho. Gracias a él, se crea un compromiso jurídico de dar, hacer o no hacer algo.

Los **contratos** en Derecho disponen de una complicada clasificación pero, a nuestro propósito, basta con señalar los civiles y los mercantiles.

Sirvan de ejemplos los **contratos** de compraventa, permuta, arrendamiento, de servicios, etc.

Si el tema te interesa consulta el Código Civil cubano a partir del artículo 334 y hasta el 465, donde podrás apreciar

La Habana : Editorial Universitaria, 2013. -- ISBN 978-959-16-2178-8

diversos contratos civiles, algunos de los cuales cotidianamente se perfeccionan.

Termino preguntándote, ¿has permutado tu vivienda?

Cónyuge

El sustantivo masculino **cónyuge** sirve para designar a cualquiera de los esposos, respecto del otro. Este vocablo grecolatino (***zygon***, ***jugue*** significa unir, precedido de la preposición ***con*** de idéntico significado), a pesar de su redundancia semántica es de consuetudinaria aparición en nuestro Código de Familia (consulta sus artículos desde el 24 hasta el 62) así como en el derecho sucesorio o hereditario.

Recuerda: tanto el marido como la esposa, son uno del otro, **el cónyuge**.

No cometas el barbarismo de pronunciar o escribir esta palabra, como con demasiada frecuencia se ve, aun entre entendidos, así: cónyugue.

¡Háblese sin manchas!, dijo Martí.

Cosa juzgada

La expresión **cosa juzgada** es de amplio dominio en jueces y abogados. La **cosa** (del latín ***causa***) **juzgada** es una excepción que se alega cuando en un nuevo litigio se reproduce la misma cuestión ya resuelta con anterioridad.

La Habana : Editorial Universitaria, 2013. -- ISBN 978-959-16-2178-8

Para que se entienda por tal es preciso que la sentencia haya sido declarada firme, bien por resolución judicial o bien por consentimiento de los litigantes, y consiste en que no cabe demanda alguna contra dicha cuestión.

Supongamos que los sujetos A y B pleitean sobre el pago de cierta suma de dinero y la sentencia pronunciada por el tribunal en dicho asunto no fue recurrida por la parte afectada, entonces se consumará la figura de la **cosa juzgada**.

De igual forma, si el sujeto perjudicado, tiempo después, intentara reabrir el proceso, de nuevo se configurará la **cosa juzgada**. No obstante, existen procesos en los cuales se excluye la **cosa juzgada**, por ejemplo: el de alimentos, dado que las condiciones iniciales entre alimentante y alimentista pueden variar con el tiempo y uno de ellos, por cualquier razón fundada, solicitar su variación.

El concepto de **cosa juzgada** existe en el ámbito jurídico desde antaño. Compruébalo con las citas siguientes, ambas gracias a la labor justiciera de Alfonso X, el Sabio:

"Los pleitos que fueren acabados que no sean más demandados". (Título XIV, libro II del Fuero Real de 1255 ne.)"Los juicios dan fin y acabamiento a los pleitos". (Título XXII de la Partida III)

Crédito

La voz latina ***creditum*** (credo, creencia) nos legó la española **crédito**, la que, además de significar reputación o fama, tiene un amplio uso en las relaciones económicas (¡**crediticias**!) y jurídicas.

Sin un elevado vuelo técnico, el **crédito** es la deuda que una persona tiene a su favor o el documento que la justifica contra otra, la primera es el **acreedor** y la segunda el deudor.

El **acreedor** tiene acción o derecho para pedir alguna cosa o exigir el cumplimiento de una obligación; es el sujeto activo de la relación jurídica que implica toda obligación para el sujeto pasivo de la misma o deudor. La existencia de uno presupone la del otro.

El artículo 233 de nuestro Código Civil establece que las obligaciones facultan al **acreedor** para exigir del deudor una prestación y se cumplen de conformidad con el título que las origina. Un ejemplo inteligible: el préstamo de dinero obliga al deudor a pagar la suma convenida en los plazos fijados.

En la Grecia y la Roma antiguas los deudores morosos podían caer en esclavitud. Nuestra legislación regula, a diferencia de la greco-latina, el cumplimiento de las obligaciones de manera civilizada, sin caer en ese extremo.

Si lo deseas puedes consultar en el texto citado más arriba el Título I (desde el artículo 233 al 307) del Libro Tercero, y ponderarás la complejidad del tema.

Mucho más fácil resulta exponer que el sistema bancario cubano (Banco Popular de Ahorro, Banco de **Crédito** y Comercio y otros) concede **créditos** a las personas naturales y jurídicas con el propósito de adquirir bienes utilitarios (equipos electrodomésticos, aperos de labranza, etc.) en beneficio de los ciudadanos, de la economía y, por ende, de la sociedad.

De esta manera el Banco que fuere es el **acreedor** y el beneficiado con el **crédito**, el deudor.

Te ofrezco ahora algunos de los principios del Derecho vinculados con el **crédito**:

"No hay **crédito** si no hay acción"."Toda causa conduce o concluye en **créditos**"."El que no cumple sus obligaciones no puede exigir que la otra cumpla las suyas".Por último, reproduzco el numeral 4 de la Tabla Tercera (450 a.n.e.) romana, promulgada por los patricios y enfilada contra los plebeyos: "Reconocida la deuda, y condenándole legalmente, dése de plazo treinta días".

Ahora te pregunto: ¿tienes alguna deuda con el Banco?

Crimen

El escritor ruso Fiodor Dostoievski (1821-1881) escribió la memorable novela "Crimen y castigo" (1866). Su trama descansa en el **crimen** que comete el joven estudiante Raskolnikov que asesina a una anciana usurera. ¿La leíste? Te la recomiendo.

Esta deleznable palabra (**crimen**) por el concepto que encierra, procede de la voz griega ***cernere***, que significa cernir, separar, la que permite afirmar a historiadores del Derechoque todo parece indicar que este vocablo designaba, más que la acción delictuosa el proceso penal mediante el cual se establecían las responsabilidades y se fijaban las sanciones o penas, cerniendo o separando los elementos de juicio.

En el lenguaje corriente, la palabra **crimen** se reserva para el delito grave, para el quebrantamiento burdo de la ley y aún hasta para indicar el asesinato aunque no fue siempre así.

En Cuba (y en otros países) existió una ley de enjuiciamiento criminal mambisa (1898) la cual, desde el punto de vista procesal, no solo contemplaba el asesinato como delito juzgable sino todos los restantes de la época.

En fin, **crimen** no solo es la figura del asesinato sino la de cualquier otro delito. El título de la novela invocada nos conduce a identificar **crimen** con asesinato.

Estoy convencido que Dostoievski sí discernía su amplia acepción.

Ahora, dos profundos pensamientos sobre ignorancia, derecho y **crimen**, emitidos por dos grandes de América Latina: José Martí y Simón Bolívar (1783-1830), respectivamente:

"A la sombra de la ignorancia trabaja el **crimen**"."Hasta el derecho en manos de ignorantes se parece al **crimen**".

Culpa

Con la popular expresión "echarle la ***culpa*** al muerto" se significa que la responsabilidad del verdadero autor del hecho se evade y se descarga en el occiso, punto de partida para nuestra explicación del vocablo de marras.

Ninguna mejor definición de **culpa** (del latín ***culpa***) que las que ofrece el Digesto (530-533 ne) o segundo volumen del Cuerpo de Derecho Civil justinianeo, del cual hablamos en otra oportunidad:

"Hay **culpa** si habiéndose podido avisar por persona diligente no se avisó, o se avisó cuando no podía evitarse el peligro" (libro XV, título II, ley 31)."Hay **culpa** en no poner la debida diligencia como en cosa propia"."Es culpa inmiscuirse uno en cosa que no le pertenece" (libro L, título XVII, ley 36)."Carece de culpa el que sabe una cosa pero no puede prohibirla" (libro L, título XVII, ley 50).Así pues, de los anteriores principios romano-bizantinos puede inferirse que la **culpa** es una falta más o menos grave, cometida a sabiendas y voluntariamente.

En Derecho se diferencian la **culpa** civil y la **culpa** penal. La primera se identifica con la negligencia, manifiesta, por ejemplo en el incumplimiento de una obligación contractual; en tanto, la segunda provoca un resultado dañoso, violatorio del derecho por imprudencia o negligencia inexcusable, calificada como delito.

En fin, la **culpa** puede evitarse si siempre se actúa con suma diligencia, de lo que se induce, entonces, que la **culpa** es falta de diligencia.

La locución latina ***mea culpa*** significa ***por mi culpa*** y es expresión que puede ser escuchada con cierta frecuencia entre hablantes cultos.

¡No cargues con una **culpa**, evita ser culpado: no seas culpable de nada!

¡Amén!

Curul

No es frecuente el uso de la voz **curul** (del latín ***curulis***, carroza o carro) en nuestro medio pero sí aparece de cuando en cuando en la prensa al momento de celebrarse elecciones parlamentarias en un país, con el propósito de constituir un nuevo órgano legislativo o cubrir un escaño en él vacante.

El diccionario acoge a **curul** como adjetivo del edil romano, patricio o plebeyo, en funciones de magistrado, y de la silla en que este se sentaba.

Por añadidura, se le llama **curul** a cada uno de los asientos (butacas o sillas) que ocupan los diputados o parlamentarios de los órganos estatales deliberativos o legislativos en cualquier país.

De acuerdo con ello, al vencer el período legislativo o producirse la vacante de uno de sus miembros por cualquier razón, es que se genera la remoción de los **curules** mediante elección o designación.

Si un "**curul**" cubano vacara por cualquier causa, el artículo 125 de la Ley Electoral (1992) dispone que se concede al Consejo de Estado las facultades de dejar vacante la plaza hasta las próximas elecciones generales, asignar a la Asamblea Municipal del Poder Popular correspondiente, constituida en Colegio Electoral, la función de elegir al diputado a la Asamblea Nacional o convocar a nuevas elecciones.

La Habana : Editorial Universitaria, 2013. -- ISBN 978-959-16-2178-8

Deliberar

La palabra **deliberar** está compuesta por el prefijo ***de*** (preposición que denota pertenencia, naturaleza, cualidad, lo contenido en una cosa... y mucho más), unido al verbo ***liberar*** (del latín ***liber,*** voluntad o libertar) que es poner en libertad. De aquí que, apegados a la fidelidad semántica, el vocablo en cuestión quiere decir voluntad o ánimo sobre alguna cosa o asunto.

Se entiende entonces que **deliberar** significa considerar con suma atención un proyecto o propósito antes de realizarlo.

Es esto último, precisamente, lo que acontece cuando, en nuestro país los jueces profesionales y legos, en su función de impartir justicia en nombre del pueblo de Cuba, reunidos en el acto procesal de la deliberación examinan cuidadosamente un asunto y exponen sus reflexiones o argumentos en torno al mismo para desear que se resuelva de una u otra manera. Al deliberar, tomarán la decisión más pertinente en derecho.

La Habana : Editorial Universitaria, 2013. -- ISBN 978-959-16-2178-8

Delito

Los romanos con la voz ***delictum***, cuyo significado en latín es cometer un error o falta o resbalar, designaban a cualquier violación legal acaecida bajo su régimen esclavista.

Hoy, en español, hablamos de **delito** y al tomar partido por una definición exacta del mismo, ninguna mejor que la ofrecida por el Código Penal cubano en su artículo 8.

En él se puede leer que "se considera **delito** toda acción (hacer algo) u omisión (dejar de hacer algo) socialmente peligrosa (sólo al Estado cubano compete dar esta calificación), prohibida por la ley (el Código Penal propiamente) bajo conminación (o amenaza) de una sanción penal" (privación de libertad, muerte, etc.).

Las diversas figuras delictivas se recogen en el Código Penal y si hojeas uno, encontrarás numerosos **delitos**, muchas veces insospechados de su existencia social por los ciudadanos, desde su artículo 91 hasta el 348.

Su presencia en este cuerpo legal responde al interés estatal de proteger a la sociedad contra aquellos que perpetran alguno o varios de los mismos.

Tendremos que convivir con los delitos hasta que la educación moral de los ciudadanos sea tan elevada que los extinga. Llegado ese momento, desaparecerán y con ellos las leyes penales y su mecanismo preventivo y represivo. Ya lo advirtió Engels.

La Habana : Editorial Universitaria, 2013. -- ISBN 978-959-16-2178-8

Demanda

Cualquier proceso civil se inicia, judicialmente hablando, con la presentación de la **demanda**. Su verbo de procedencia, **demandar** (del latín ***demandare***, confiar, encomendar) significa rogar, pedir, solicitar, y es eso exactamente lo que se hace ante un tribunal, ejercer la acción judicial para hacer valer un derecho subjetivo.

Sobran los ejemplos: **demandas** en procesos de divorcio, de alimentos, de contenido económico y tantos otros.

Sin dudas, en nuestro país, la **demanda** de mayor connotación política y social fue la establecida el 31 de mayo de 1999 ante la Sala de lo Civil y Administrativo del Tribunal Provincial Popular de Ciudad de La Habana, por los representantes legales de la Central de Trabajadores de Cuba, la Asociación Nacional de Agricultores Pequeños, la Federación de Mujeres Cubanas, la Federación de Estudiantes Universitarios, la Federación de Estudiantes de la Enseñanza Media, la Organización de Pioneros “José Martí”, los Comités de Defensa de la Revolución y la Asociación de Combatientes de la Revolución Cubana, todos a nombre del pueblo de Cuba, contra el gobierno de los Estados Unidos por los daños humanos infligidos a la nación.

La voz **demanda** se integra por los elementos preposicional ***de*** y el verbo ***mandar***; el primero significa posesión, pertenencia, origen, en tanto el segundo, ordenar, encauzar.

Luego entonces, **demandar** es, como se anotó más arriba, acudir al tribunal para exigir tutela jurídica a una situación de derecho vulnerado.

Al menos, el escrito de **demanda** debe contener, además de la identificación de las partes en el proceso, vale decir, el demandante o actor y el demandado (estas personas pueden ser en plural), los hechos que ocurrieron en torno al asunto en que se busca la tutela jurídica y los fundamentos de derecho estimados oportunos y congruentes con las pretensiones que formule el demandante (o los demandantes como vimos en la **Demanda** del Pueblo de Cuba al Gobierno de Estados Unidos por daños humanos).

Te invito a que adquieras un ejemplar de dicha **demanda** y podrás apreciar en ella, todos los elementos técnicos acotados, así como su valor político.

Denuncia

Si el proceso civil se inicia, como vimos, con la presentación de la demanda, el penal, a su vez, con la formulación de la **denuncia**. Así lo contempla el artículo 106 de la vigente Ley de Procedimiento Penal cubano.

La palabra **denuncia** (hermanada por su terminación con la voces a<u>nuncia</u>, re<u>nuncia</u> y pro<u>nuncia</u>) quiere decir acción de **denunciar** y este infinitivo, por su parte, significa avisar, noticiar, dar noticia a la autoridad de un daño hecho. Y precisamente esto es lo que sucede ante la presunta comisión de un delito, razón por la cual, en derecho penal, la **denuncia** opera, técnicamente, dentro del ámbito del Derecho Procesal Penal, como ya vimos.

Vale la pena abundar en este término.

La Habana : Editorial Universitaria, 2013. -- ISBN 978-959-16-2178-8

Denuncia está compuesto por la preposición ***de*** (la que denota, como apreciamos anteriormente, pertenencia, lo contenido en una cosa, el asunto de que se trata, etc.) y la terminación ***nuncia*** (a su vez, de ***nuncio*** o emisario, señal o augurio) por lo que podemos concluir que **denuncia** es la señal o aviso oportuno, ofrecido por el denunciante, ante la autoridad correspondiente, de un asunto presumiblemente delictivo.

Observa cómo los prefijos ***a***, ***re*** y ***pro*** se eslabonan con ***nuncia*** y confieren matices semánticos totalmente diferentes de nuestra palabra. Consulta un diccionario cualquiera y lo apreciarás.

¡Nada! La exacta para el caso es **denuncia**.

Formulada la **denuncia** e identificado el denunciado como el autor del hecho, entonces se le conocerá como el acusado.

Derecho

En un corro de cubanos no falta la expresión ¡Tú sí tienes **derecho**! No importa de qué se trate, siempre se concede el **derecho** a alguien y, por supuesto, a otro se le niega.

¿Qué es **derecho**, entonces? Su ancestro etimológico arranca del latín ***directur*** con el significado que más abajo se acota.

La acepción más socorrida es la de justo, recto o seguido, pero en verdad, no es la que nos interesa, no obstante acercarse a nuestro propósito.

Para los antiguos romanos, **derecho** es el arte de lo bueno y equitativo, que en latín se escribe como sigue: ***ius est ars boni et aequi.***

Marx y Engels, por su parte, caracterizan el **derecho** como voluntad de la clase social dominante erigida en ley, acepción verdaderamente paradigmática en el ámbito de las ciencias sociales.

Pero con un sentido un tanto más asequible, se define al **derecho** como el conjunto de normas obligatorias que rige el destino de una sociedad, refrendado por la fuerza del Estado.

Palabra con infinidad de otras acepciones dentro del ámbito jurídico, solo nos referiremos, por añadidura, a otras dos de ellas.

La primera: acepción inherente a la persona como titular de un **derecho** en una relación jurídica, tanto como sujeto activo (o acreedor) o como sujeto pasivo (o deudor) en la misma.

Desde el punto de vista científico, como segunda acepción, el **Derecho** es una rama integrante de las ciencias sociales, y sus profesionales en ejercicio son los juristas.

Las definiciones ofrecidas deben tomarse muy en serio de acuerdo con el contexto en que se emplee el término **derecho**. ¡Mucha atención al utilizarla!

Finalmente, justiprecia en todo su valor la siguiente frase pronunciada por el presidente indio de México, Benito Juárez (1806-1872): "El respeto al **derecho** ajeno es la paz".

La anterior halla eficaz complemento en la pronunciada por el Mayor General del Ejército Libertador, Ignacio

La Habana : Editorial Universitaria, 2013. -- ISBN 978-959-16-2178-8

Agramonte y Loynaz (1841-1873): "El **derecho** para ser tal y obligatorio, debe tener por fundamento la justicia".

Derogar

La voz **rogar** (***rogare*** en latín: pedir, suplicar) origina toda una familia de palabras cuyos prefijos cambian sustancialmente su significado (abrogar, arrogar, **derogar**, subrogar) de una a otra.

La que ahora nos compete, **derogar**, (el prefijo **de** con el significado de contrariedad en oposición a rogar), en sentido lato quiere decir dejar sin efecto, anular, abolir, acepciones plenamente asimiladas por el Derecho.

Efectivamente, una ley u otra norma jurídica cualquiera puede ser abolida o anulada por otra de igual rango, cuyo pronunciamiento se encamina a sustituir a aquella de manera parcial o total.

El siguiente ejemplo te ilustrará lo explicado: la Ley Número 105 de 27 de diciembre de 2008, Ley de Seguridad Social, derogó a su predecesora, la Ley Número 24 de fecha 28 de agosto de 1979, cuya vigencia ocupó el lapso que media entre una y otra.

En la propia medida en que nuestra realidad socio-económica avanza y cambia a nuevos escenarios, se hace imprescindible dictar nuevas normas que sustituyan a las obsoletas. Este proceso se denomina **derogar.**

¡Ya lo sabes, las viejas normas son relevadas por las nuevas mediante su **derogación**!

Diputado

Nuestro parlamento, vale decir, la Asamblea Nacional del Poder Popular, está integrado por muchos **diputados**.

¿Mas, qué es un **diputado**?

Del latín ***diputare***, un **diputado** es un representante del pueblo, elegido por este, y que ocupa un asiento, como miembro pleno, en el órgano legislativo de nuestro país, es decir, en la ya mencionada Asamblea Nacional.

El término de mandato de un **diputado** cubano es de cinco años y es elegido por el voto libre, directo y secreto de sus electores.

Dentro de sus funciones está la de participar en el análisis y discusión de los proyectos de leyes presentados a la Asamblea Nacional por sus miembros.

Ahora, una pincelada histórica.

El presbítero Félix Varela y Morales (1788-1853), el que nos enseñó primero en pensar a Cuba, fue elegido como **diputado** a las Cortes Españolas (parlamento) en el período comprendido entre 1821 y 1823 durante la época colonial en nuestro país.

Divorcio

La historia no registra si Adán repudió a Eva ni cuántos **divorcios** sostuvo Zeus con lo promiscuo de sus relaciones conyugales. De todas formas, si Adán repudió a Eva se quedó solo en el Paraíso en tanto que Zeus, omnipotente se podía dar el lujo de deshacer una relación divina o con mortales y empezar otra.

Lo cierto es que el **divorcio** es una institución tan vieja como las relaciones sentimentales entre hombre y mujer que se pierden en los confines del tiempo.

Como en la Ciudad Eterna no existían tribunales para consumar esta figura jurídica ni su integración requería de tantas formalidades, como hoy en día, el **divorcio** se realizaba de una manera muy simple: el hombre (generalmente fue varón el que hacía uso de este derecho) repudiaba a su cónyuge públicamente y la unión matrimonial se desintegraba. No heredamos el repudio: ¡Cuántos disgustos y dinero hubiera ahorrado entre nosotros!

Andando el tiempo, la disolución del matrimonio se complicó sobremanera con el derecho canónico o eclesiástico que prohibió la separación de los consortes; luego admitieron la separación de cuerpos pero el vínculo conyugal perduraba, finalmente, este también se pudo romper.

El **divorcio** (del latín ***divortium***, apartar, retirar) vincular fue admitido en nuestro país en el año 1934, gracias a la promulgación del Decreto-Ley 206.

Hoy, nuestra legislación de familia concibe, como una de las formas de extinción del matrimonio, la del **divorcio** cuya acción se canaliza por dos vertientes, la judicial y la notarial. Dicha regulación está en el artículo 43.4 del Código de Familia.

La Habana : Editorial Universitaria, 2013. -- ISBN 978-959-16-2178-8

De esta manera, mediante una sentencia judicial o una escritura notarial se rompe el vínculo matrimonial que unía a una pareja.

Si te interesa este extremo, puedes consultar el Decreto-Ley 154 de 1994 y los artículos del 372 al 392 de la Ley de Procedimiento Civil, Administrativo, Laboral y Económico y abundarás sobre el **divorcio** notarial o el judicial, respectivamente.

Puedes consultar, además, los artículos del 49 al 64 del Código de Familia para redondear tus conocimientos en esta institución jurídica.

Separados los cuerpos de los cónyuges (casi siempre es lo primero que acontece) y disuelto el vínculo matrimonial, compete ahora al tribunal o al notario, en franco desacuerdo o en perfecta concordancia, según se trate, de aquellos, pronunciarse en cuanto a las relaciones paterno filiales referidas a la patria potestad, guarda y cuidado de los hijos menores de edad, régimen de comunicación con estos, pensiones que correspondan y separación de los bienes comunes.

Si el matrimonio ha perdido su sentido para los cónyuges, para los hijos, y con ello, para la sociedad, su disolución es recomendable pero, el **divorcio** de los consortes no significa, necesariamente, el **divorcio** entre padres e hijos.

Culmino con este apunte de Lucio Séneca (4 a.n.c. 65 ne.), quien lleno de amargura e ironía por la alta tasa de **divorcios** en su época (la actual no está muy a la zaga), exclamó: "¿Qué mujer se sonroja ahora por el **divorcio** desde que ciertas damas ilustres no cuentan ya los años por el

La Habana : Editorial Universitaria, 2013. -- ISBN 978-959-16-2178-8

número de cónsules sino por el de sus maridos?”. “Se **divorcian** para volverse a casar, se casan para **divorciarse**”.

¡Apretó el filósofo!

Dolo

Cuando Rómulo mató a su hermano Remo, según la leyenda, cofundadores de la ciudad de Roma en el año 753 a.n.e., su crimen fue realizado con malicia, con **dolo** (del latín ***dolus***: pena, pesar; origen etimológico también de la voz **dolor**), es decir, fue una acción maquinada e intencional, deseada.

Según el Derecho Penal, el **dolo** es el elemento subjetivo del delito. En otras palabras, cuando Rómulo asesina a su hermano, la intención del primero fue causar daño al otro, con el propósito deliberado de eliminarlo y así consolidar su poder unipersonal en la ciudad de las Siete Colinas.

De lo dicho se infiere que una actitud **dolosa** es sinónimo de mal intención en busca del daño ajeno.

Los estudiosos doctrinarios del **dolo** logran clasificarlo en infinidad de tipos los cuales, a los efectos de este trabajo, es mejor pasar por alto.

El jurista clásico romano Domicio Ulpiano, asesinado alevosamente en el año 228 de n.e., formuló, como principio moral del diario vivir, la exclusión del **dolo** cuando dijo: “no dañes a otro”.

La razón inunda este principio.

Donación

Cualquier diccionario escolar acoge la **donación** (deriva de la palabra latina ***donatio***) como la acción de **donar,** y esta a su vez, significa traspasar graciosamente la propiedad o el dominio de una cosa de una persona a otra.

La V Partida del rey castellano-leonés Alfonso X "El Sabio" (1252-1284), al describir la **donación** expone que "es bien hecho que nace de nobleza, de bondad de corazón cuando es hecho sin ningún premio".

Este texto medieval recoge la esencia misma de la **donación** contemplada en el artículo 371 del Código Civil cubano, al refrendar que "por el contrato de **donación** una persona (el ***donante***), a expensas de su patrimonio, trasmite gratuitamente la propiedad de un bien a favor de otra (el ***donatario***) que la acepta".

La figura jurídica de la **donación** es utilizada frecuentemente en nuestro país, satisfechos los requisitos legales exigidos, para la transmisión de la propiedad de viviendas.

La Habana : Editorial Universitaria, 2013. -- ISBN 978-959-16-2178-8

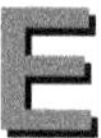

Ejecución

Para la mayoría de los cubanos el vocablo **ejecución** es sinónimo de aplicación de la pena de muerte o ajusticiamiento de un reo. Tienen razón pero no agotan las acepciones de dicho término.

La **ejecución** (procede de la voz latina ***exsecutionis***) es la acción y efecto de ejecutar, es decir, consumar o cumplir. Con ello se infiere que la **ejecución** no es más que hacer cumplir, al obligado con ello, una resolución judicial.

Nuestra Ley de Procedimiento Civil, Administrativo, Laboral y Económico destina varios de sus artículos (del 473 al 526) al denominado Proceso de Ejecución.

Consúltalos en una sala especializada en la biblioteca más cercana, en especial el artículo 474 que es definitorio para este concepto.

Emancipar

El infinitivo **emancipar** significa libertar de la patria potestad, de la tutela, de la servidumbre o de la esclavitud, estados civiles que han acompañado a los seres humanos a través de la historia.

El origen etimológico de esta voz (del latín ***emancipare***, integrado por los términos ***manus*** o mano y ***capere*** o coger), de por sí, nos da una ilustrativa imagen del concepto: alcanzar la libertad civil de una persona gracias a una mano tendida que le agarra, todo ello en sentido figurado.

Nuestro Código Civil determina que el ciudadano cubano que arriba a los 18 años cumplidos, o si menor de esa edad, formaliza matrimonio (por supuesto observados los requisitos legales exigidos), adquiere a partir de entonces la plena capacidad para ejercer los derechos y realizar actos jurídicos. Ahora, dicho ciudadano se ha **emancipado**; ya no se encuentra bajo el influjo protector y restrictivo de otra persona.

En la Roma esclavista, el padre de familia podía, voluntariamente, hacer salir al hijo de su potestad paterna, **emanciparlo**, si se lo solicitaba al emperador o a un magistrado. Obviamente hoy esto no es posible.

Lee el artículo 29 del Código Civil y, como se expresó más arriba, comprobarás cómo puede **emanciparse** un cubano.

¿Estás **emancipado**?

Embargo

Del latín ***imbarricare*** (asumir, encargar), el **embargo** es la retención de bienes hecha por autoridad competente (administrativa o judicial), debido a deuda o delito, con el propósito de asegurar el pago de la responsabilidad pecuniaria contraída por una persona.

La siguiente situación te aclarará qué es el **embargo**. Imagina que un padre (un mal padre) no pase la pensión mensual para el sostenimiento de su menor hijo, fijada por el tribunal en su sentencia de divorcio. En tal caso, la madre del menor reclamará ante el tribunal correspondiente el pago de la pensión alimentaria y este, en su resolución judicial, puede imponer el embargo de los salarios que devenga el padre mediante comunicación al centro de trabajo encargado de su pago, a fin de que retenga el importe de la pensión y la haga efectiva a favor del hijo.

Así de sencillo opera el **embargo** en este caso: el padre moroso, con la intervención judicial se verá obligado a cumplir con su elemental y natural deber paterno-filial.

Enajenar

Lo ajeno no es propio sino de otro. De tal suerte, tu bicicleta es tuya, no es mía; es un bien o cosa ajeno o extraño a mi patrimonio.

La voz **enajenar**, muy utilizada en el ámbito jurídico, significa ceder o transmitir a otra persona el dominio o propiedad de una cosa.

Su origen etimológico también se remonta, como tantas otras, al latín (***in*** y ***alienare)*** con dicha significación.

La venta y la donación de un bien son ejemplos clásicos de **enajenación**.

El derecho romano conoció de este concepto jurídico. El Digesto, texto legal promulgado por el emperador bizantino Justiniano en 533 ne., formula algunos principios vinculados al acto de **enajenar**.

He aquí uno tomado de su Libro L, título XVI, ley 28: "Se entiende que **enajena** el que consienta la ocupación".

Si te decides a vender tu bicicleta y lo logras, la habrás **enajenado**: cambió de propietario.

Estado

Esta palabra es el participio pasivo del verbo estar. Pero no nos interesa en este sentido.

Se entiende en Derecho por **estado** (latín ***status***), según el líder de la Revolución de Octubre, Vladimir Ilich Lenin (1870-1924), a la máquina destinada a mantener la dominación de una clase social sobre otra. Todos los países conocidos por ti son **Estados**. Pero tiene otras acepciones.

Dentro de ellas, descuella una unida al calificativo de civil, el denominado **estado civil**.

Mas, ¿qué es el **estado civil**?

El **estado civil** no es más que la situación en que se considera a las personas, por la que gozan de derechos y soportan diversas obligaciones.

El **estado civil** se integra por peculiaridades tales como nacionalidad, edad, sexo, soltería o no, etc.

La Habana : Editorial Universitaria, 2013. -- ISBN 978-959-16-2178-8

En nuestro país su contenido se restringe, en el conocimiento popular, a calificar como soltero, casado, divorciado y viudo a una persona. Puede ser eso y mucho más.

¿Cuál es tu **estado civil** integral?

Ahora una nota histórica.

El monarca francés Luís XIV (1638-1715) que condujo el absolutismo a su máxima expresión, jamás dijo "el **Estado soy yo**", frase que se le atribuye, cuando en verdad lo que dijo fue, ya en su lecho de muerte, "me voy pero el **Estado** queda entre ustedes".

Excepción

Ya sabes, como antes se afirmó, que el demandante o actor inicia un proceso judicial al ejercitar la acción contra el demandado. Recuérdese que la acción es la estocada de ataque de aquel.

Ahora, el escudo o contraataque que interpone este se denomina **excepción** (del latín ***exceptionis*** y a su vez, de ***ex***, fuera y ***capere***, alzar, levantar, quitar) cuyo significado es la acción del demandado de exceptuar o excluir la regla común invocada.

En la acepción jurídica, la **excepción** es un medio que la ley procesal le brinda al demandado para refutar la pretensión del demandante.

La Habana : Editorial Universitaria, 2013. -- ISBN 978-959-16-2178-8

Un sencillo ejemplo basta para entender: un ciudadano reclama ante un tribunal cierta suma de dinero que otro le adeuda; el supuesto deudor alega que dicha suma ya fue pagada. Aquí tienes, en posturas antagónicas, contradictorias, la acción (o pretensión) del demandante y la **excepción** levantada por el demandado.

En sentido general, en los pleitos o litigios judiciales los abogados de las partes interponen pretensiones y **excepciones** de unos a otros, en busca del éxito de la posición asumida.

Pondera a continuación dos principios tomados del ya citado Digesto justinianeo que te ilustrarán sobre la palabra de marras.

"La **excepción** fue así llamada como si fuera cierta exclusión que se suele oponer a la acción de cualquier cosa para excluir lo que se comprendió en la demanda o en la condenación". (Libro XLIV, título I, Ley 2).

"Al que se le da acción, con más motivo se reconoce competirle **excepción**". (Libro L, título XVII, Ley 156).

Aprecia las claras definiciones ofrecidas por un texto legal romano escrito hace más de 1400 años, sobre las voces comentadas.

Algo digno de admiración.

La Habana : Editorial Universitaria, 2013. -- ISBN 978-959-16-2178-8

Extraterritorial

Las leyes que promulga un país son de aplicación territorial, es decir, sus efectos jurídicos se hacen sentir en el territorio de dicho país o Estado.

De tal concepto surge el carácter eminentemente territorial del Derecho.

Ahora bien, cuando dichos efectos se hacen presentes en otro país, entonces estamos en presencia de la aplicación **extraterritorial** de las leyes.

Cuando dicho influjo es pacífico y no transgrede la soberanía de un Estado, ese carácter es admitido por el país receptor. Pero si lacera la soberanía nacional de un país, entonces el efecto **extraterritorial** (del latín ***extra,*** fuera) de tal ley extranjera se torna ilegítimo y peligroso.

Así acontece con la llamada Ley Helms-Burton, cuya denominación proviene de los apellidos de dos legisladores norteamericanos, el representante Daniel Burton y el senador Jesse Helms, los que tomaron esta iniciativa en el Congreso estadounidense (1996) enfilada contra nuestro país, con un enfático carácter **extraterritorial**.

Dicha Ley afecta a Cuba y a terceros países que comercian con el nuestro y estrecha el cerco económico que Estados Unidos de América tiende contra nuestro archipiélago.

El efecto nocivo de la **extraterritorialidad** de normas jurídicas es repudiado por el Derecho Internacional Público, rama del Derecho que regula las relaciones entre los Estados.

La Habana : Editorial Universitaria, 2013. -- ISBN 978-959-16-2178-8

F

Fallo

La palabra **fallo** (del latín ***fallere***) significa error o falta.

Estas acepciones ordinarias no nos competen. La perseguida es aquella comprometida con el Derecho.

Así, el **fallo** de una sentencia judicial es la decisión definitiva de un juez o tribunal en un asunto sometido a su conocimiento. Si bien en el lenguaje común la voz **fallo** se usa como sinónimo de sentencia; en rigurosa técnica procesal, el **fallo** es la parte dispositiva de la sentencia, su colofón decisorio sobre un pleito o litigio.

La Ley de Procedimiento Penal cubana en su artículo 44.5 dispone que las sentencias de esta naturaleza "terminan pronunciando el **fallo,** en el que se sanciona o absuelve al acusado...", ejemplo que esclarece su concepto.

Si continuamos la ilustración de la propia palabra, podemos incursionar en el ámbito laboral. Así, el artículo 57 de la Resolución Conjunta Número 1 (Ministerio de Trabajo y Seguridad Social y Tribunal Supremo Popular) de fecha 4 de diciembre de 1997, regula que los órganos de justicia laboral de base constituidos en los centros de trabajo para dirimir los conflictos laborales, "pueden conocer y anular sus **fallos** no ajustados a la ley...", es decir, pueden revisar aquella decisión arbitraria que tomaron y ajustarla a la ley.

Por último, otra cita del Digesto justinianeo, tan oportuno como siempre: "El juez está obligado a pronunciar sentencia (**fallo**) sobre aquello de que hubiere conocido". Libro V, título I, Ley 74.

Familia

Prudencia es reproducir textualmente el tercer Por Cuanto del Código de Familia al abordar tan trascendente vocablo: "El concepto socialista sobre la **familia** parte de la consideración fundamental de que constituye una entidad en que están presentes e íntimamente entrelazados el interés social y el interés personal, puesto que, en tanto célula elemental de la sociedad, contribuye a su desarrollo y cumple importantes funciones en la formación de las nuevas generaciones y, en cuanto centro de relaciones de la vida en común de mujer y hombre, entre estos y sus hijos y de todos con sus parientes, satisface hondos intereses humanos, afectivos y sociales de la persona".

Cualquier otra palabra o frase añadida, estropearía tan brillante fundamentación.

No obstante, el recuento histórico no está de más.

En la "cuna del pensamiento viejo", como llamara Martí a Roma, la voz **familia** se aplicaba a los esclavos en su conjunto; si se trataba de un esclavo doméstico, entonces ***famulus***.

La Habana : Editorial Universitaria, 2013. -- ISBN 978-959-16-2178-8

De esta raíz latina se deriva el adjetivo ***famélico***, que quiere decir hambriento, y el sustantivo ***fámulo***, criado o sirviente.

En honor a la verdad tanta cohesión puede (y debe) existir entre los miembros de una **familia** que cada uno de ellos se vuelve un esclavo para con los demás.

Filial

El archipiélago cubano está sembrado de centros universitarios. El crecimiento en el país de estos centros de altos estudios ha atravesado diferentes estadios hasta alcanzar el grado de universidad. Uno intermedio es el de **filial** universitaria.

El término **filial** (del latín ***fillius***, hijo) responde, figuradamente, a su dependencia de una universidad madre o madre nutricia (alma mater).

Su acepción en Derecho es por el estilo.

Las voces **filiación** y relaciones paterno-**filiales**, muy empleadas en nuestro Código de Familia, apuntan, por extensión, hacia la procedencia y correspondencia afectiva entre los hijos y sus padres.

Dos preceptos legales definen lapidariamente, en Cuba, lo antedicho.

El primero de ellos se halla en el artículo 37 de la Constitución de la República. En él puede leerse que "todos los hijos tienen iguales derechos, sean habidos dentro o fuera

La Habana : Editorial Universitaria, 2013. -- ISBN 978-959-16-2178-8

del matrimonio", y enfatiza que "está abolida toda calificación sobre la naturaleza de la **filiación**".

El segundo se encuentra en el artículo 65 del Código de Familia, donde dispone que "todos los hijos son iguales y por ello disfrutan de iguales derechos y tienen los mismos deberes con respecto a sus padres, cualquiera que sea el estado civil de estos".

De la anterior lectura podrás apreciar que nuestra legislación cierra definitivamente el bochornoso capítulo sobre la calificación de los hijos que data de la época de los césares imperiales, todavía presente en algunos países.

¡Sola vaya!

Fiscal

De acuerdo a cómo se emplee la palabra en un contexto determinado, **fiscal** (del latín ***fiscalis***, cesto o tesoro) puede ser sustantivo o adjetivo.

Contrasta las siguientes oraciones:

"El **fiscal** hizo una enérgica acusación"."El impuesto **fiscal** fue pagado por el contribuyente".En el primer caso es un nombre; en el segundo, un adjetivo.

Sólo nos interesa como sustantivo, vale decir, el primer caso.

La definición de **fiscal** que ofrece la IV Partida (Ley 12, título XVIII) del conocido rey Alfonso X, el Sabio, nos permite entrever quién es este funcionario:

"Hombre que es puesto para razonar y defender en juicio todas las cosas y los derechos que pertenecen a la cámara del rey".

¡Buena definición para su época!

Sin pretender agotar conceptualmente la definición de **fiscal**, podemos afirmar que es el funcionario público encargado de controlar y preservar la legalidad socialista, así como promover y ejercitar la acción penal pública en representación del Estado cubano.

Por esta última función es más conocido en la población.

Para concluir te advierto que el nombre o sustantivo **fiscal** es masculino, razón para decir "***el fiscal***" aunque se trate de una mujer.

¿Entendido?

Fuerza mayor

Los acontecimientos imprevisibles, naturales o humanos, pero determinantes en las relaciones jurídicas forjaron dos conceptos en la teoría del Derecho: la **fuerza mayor** y el caso fortuito.

La **fuerza mayor** (en latín ***fortia maior***) es todo acontecimiento que no ha podido preverse o que, previsto no ha podido resistirse. Para el Digesto justinianeo se designaba como **fuerza mayor** a los hechos de la autoridad o de los emperadores.

El caso fortuito (en latín ***casus fortuitus***) es el suceso inopinado que no se puede prever ni resistir. Para el citado Digesto se designaba como tal a los hechos de la naturaleza.

Para la Séptima Partida de Alfonso X, el Sabio, en su título 33, Ley 11, "caso fortuito tanto quiere decir en romance como ocasión que acaece por ventura, de que no se puede antes ver".

Si bien entre ambos términos existe una distinción conceptual, se ha producido una verdadera asimilación jurídica, la que a su vez se ha proyectado en la teoría de la imprevisión. Dicha teoría tiene como premisa la indistinción entre la **fuerza mayor** y el caso fortuito, cuyos caracteres comunes son la imprevisibilidad y la inevitabilidad de los eventos o acontecimientos.

Así las cosas, podemos ejemplificar que la violenta erupción del volcán Vesubio en el año 79 n.e. que destruyó las ciudades romanas de Pompeya y Herculano devino en caso fortuito natural para sus habitantes, en tanto que la invasión alemana a Polonia el 1 de septiembre de 1939, la cual desencadenó la Segunda Guerra Mundial, puede ser considerada como **fuerza mayor** para la población polaca, según el Digesto.

Nuestra legislación laboral vigente (el Código de Trabajo y el Reglamento General sobre Relaciones Laborales) invoca a la **fuerza mayor** como causa de suspensión del contrato de trabajo. Por su parte, el Código Civil utiliza, indistintamente, ambos vocablos (ver artículos 99.1, 123.1, 349.1 y 443.3)

Por último, en la noche del 15 de abril de 1912, al colisionar con un iceberg, el trasatlántico mayor del mundo en aquel momento, el Titanic, se hundió en solo tres horas.

La Habana : Editorial Universitaria, 2013. -- ISBN 978-959-16-2178-8

Murieron en el naufragio 1502 de sus pasajeros de sus 2201 a bordo.

El trágico accidente, a qué obedece: ¿a la **fuerza mayor** o al caso fortuito?

Gaceta

La **Gaceta** Oficial de la República de Cuba es una publicación periódica del Estado cubano en la cual, mediante sus ediciones consecutivas, se informa a la ciudadanía y a los organismos y organizaciones de todo tipo radicadas en el país (y aún fuera de él) de las disposiciones promulgadas por aquél y que a partir de su publicación en la **Gaceta** entran en vigor (en sentido general).

Es muy frecuente leer en cualquier número ordinario o extraordinario de la Gaceta Oficial cubana acuerdos, leyes, decretos-leyes, decretos y resoluciones dictadas por los diferentes órganos de Estado y de Gobierno de nuestro país.

La Habana : Editorial Universitaria, 2013. -- ISBN 978-959-16-2178-8

El término **gaceta** proviene de la palabra italiana ***gazetta***, y a su vez, ambas de **gacela**, el antílope o ciervo ágil y hermoso, en franco remedo a este animal, a imitar por su velocidad al transmitir informaciones en la Italia feudal.

Acércate a una entidad cualquiera de gobierno y en ella podrás encontrar ejemplares de ese periódico estatal especializado en publicar normas jurídicas y valorar lo expuesto.

Garantía

Voz de procedencia germana (***wara***, confiar, cuidar), asimilada por el derecho romano y de este, llegó al nuestro.

Se entiende por **garantía** la acción y efecto de afianzar, asegurar o proteger lo convenido o estipulado entre los sujetos.

Para el Derecho existen dos tipos básicos de **garantías**: las encaminadas a dar cumplimiento a las obligaciones contraídas al suscribir un contrato y las dirigidas a asegurar la igualdad en el debate procesal, o **garantías** procesales.

Ejemplos de una y otra son:

Si compras una mercancía cualquiera en una tienda de comercio minorista, el Código Civil, en su artículo 361, ordena que el vendedor tiene la obligación de **garantizar** la calidad del bien vendido y responder por todos los defectos que aquel tenga en el momento de la entrega.

Si continuamos la lectura del Código Civil, verás cuántas **garantías** civiles aparecen en sus artículos del 266 al 288.

Una **garantía**, en el orden procesal, es la que ofrece el artículo 39 de la Ley de Procedimiento Civil, Administrativo, Laboral y Económico cuando declara que el tribunal acordará las medidas necesarias para mantener la igualdad de las partes en el proceso, entre otras, para evitar la indefensión o desigualdad en una de ellas.

Otro más: es muy posible que en tu ámbito familiar, si adquirieron un equipo eléctrico o la propia vivienda que habitas, hayas escuchado la palabra "codeudor" o "fiador". Pues bien, el codeudor o el fiador, es una persona que se erige como **garante** del pago del equipo adquirido, si el deudor principal no puede pagarlo por una razón u otra. Si esto sucede, entonces quien paga será el codeudor o fiador.

Investiga en tu seno familiar o vecinal.

Gravamen

El **gravamen**, de igual nombre en latín, es una carga u obligación; procede del verbo **gravar,** es decir, imponer o causar **gravamen** a un sujeto que ha consentido en ello, o a una cosa inmueble (casa o finca) es imponerle obligaciones a dicho sujeto o al bien inmueble.

En la Cuba prerrevolucionaria la figura más común de **gravamen** fue la ***hipoteca*** sobre casas o fincas de propiedad privada, de lamentable recordación y de manifestación recurrente en su momento. Las leyes de Reforma Agraria

La Habana : Editorial Universitaria, 2013. -- ISBN 978-959-16-2178-8

(1959) y de Reforma Urbana (1960) proscribieron definitivamente su empleo en nuestro país. La hipoteca era sinónimo de ruina económica para el deudor.

No obstante, el artículo 288 del Código Civil cubano hace referencia a la hipoteca naval o aérea como una carga o **gravamen** de uso restringido en el país.

A propósito, el término ***hipoteca*** es de origen griego y significa "poner debajo" dado que opera como respaldo a un préstamo dinerario como negocio primario, si no se reintegra en el plazo pactado. Es decir, la hipoteca pende como una espada contra el deudor moroso.

Ya sabes lo que es **gravar**: no confundir con el parónimo ***grabar***.

Hábeas corpus

Once artículos (del 467 al 478) de nuestra Ley de Procedimiento Penal se destinan al procedimiento de **hábeas corpus**. El primero de ellos declara que "toda persona que se encuentre privada de libertad fuera de los casos o sin las formalidades y garantías que prevén la Constitución y las leyes, debe ser puesta en libertad, a petición suya o de cualquier otra persona, mediante un sumarísimo proceso de **hábeas corpus** ante los Tribunales competentes". Y finaliza dicho precepto advirtiendo que "no procede el **hábeas corpus** en el caso de que la privación de libertad obedezca a sentencia o a auto de prisión provisional dictado en expediente o causa por delito".

De la anterior lectura se infiere en qué consiste el **hábeas corpus** pero abundaremos sobre él.

Su implantación en el ámbito jurídico moderno se debe al derecho inglés cuando en el año 1679 el rey promulga una ley complementaria de la Carta Magna de 1215, a cuyo tenor se brinda la garantía de poner al alcance de los súbditos un medio expeditivo de obtener de inmediato, al amparo de los magistrados, la libertad corporal.

La institución del **hábeas corpus** llegó a Cuba durante la intervención norteamericana en tiempos de la colonia (1898-1902) mediante la Orden Militar 427 de 15 de octubre de 1900.

De ascendencia romana, la institución reseñada tuvo como bautizo lingüístico la frase latina de ***hábeas corpus ad subjiciendum*** que no significa otra cosa que "tener o mostrar el cuerpo por sumisión".

Cierro con el pensamiento del intelectual irlandés George Bernard Shaw (1856-1950), pertinente con la frase descubierta: "La justicia estriba en la imparcialidad y sólo pueden ser imparciales los extraños".

Herencia

Cuando el conjunto de bienes o patrimonio de una persona pasa a otra por causa de muerte de aquella, entonces estamos en presencia de la **herencia** (del latín ***hereditas***).

El fallecido es conocido como el "causante" y el beneficiado con su patrimonio como el "***heredero***".

Ahora bien, puede ser que conjuntamente con los bienes, el **heredero** adquiera también derechos y obligaciones procedentes del causante.

Nuestro Código Civil norma la **herencia** o derecho de sucesiones.

Su artículo 466 ofrece esta definición: "El derecho de sucesión comprende el conjunto de normas que regulan la transmisión del patrimonio del causante después de su muerte".

Por su parte, el 467 del propio cuerpo legal, establece que "la sucesión tiene lugar por testamento o por ley"."La primera se denomina testamentaria y la segunda intestada".

Viajemos en el tiempo y comprobemos qué decían otros textos legales al respecto.

Para nuestro conocido Digesto (Libro L, título XVI, Ley 24 y título XVII, Ley 62) "la **herencia** no es otra cosa que la sucesión en todo el derecho que tuvo un difunto".

Y para la no menos conocidas Partidas (Séptima, Ley Octava, título XXXIII) "la sucesión de los bienes, derechos y acciones que tenía alguno al tiempo de su fallecimiento, descontadas las deudas".

La Habana : Editorial Universitaria, 2013. -- ISBN 978-959-16-2178-8

Asombra la precisión normativa de estos cuerpos seculares presentes, de cierta manera, en nuestro Código Civil.

Para terminar la palabrilla en cuestión, esta frase pronunciada por el poeta norteamericano Walt Whitman (1819-1892):

"La vida es lo poco que nos sobra de la muerte".

¡Pero hay que vivirla de todas formas!, digo yo. ¿No crees?

Homicidio

El término **homicidio** es una palabra compuesta por las voces latinas ***hominis*** (al hombre) y ***caedes*** (matar), de ahí que signifique dar muerte a una persona.

En apariencias el **homicidio** es un asesinato pero el Código Penal cubano diferencia entre uno y otro delito de lesa humanidad.

De manera lacónica, su artículo 261 declara que es **homicidio** el que mate a otro, en tanto que, para que tal fin se produzca y se convierta en asesinato debe concurrir en él alguna de las circunstancias que puntualmente reseña en el artículo 263. Sirvan de ejemplos dar muerte a otro mediante precio, recompensa o beneficio de cualquier clase; o ejecutar el hecho contra una persona que no sea capaz de defenderse adecuadamente, y muchas más.

La Habana : Editorial Universitaria, 2013. -- ISBN 978-959-16-2178-8

Para que diferencies ambas figuras delictivas, horrendas por demás, te muestro una situación problémica: un chofer, sin proponérselo, mientras conducía su vehículo, atropella y mata a una persona, o, con plena intención, el propio chofer proyecta su vehículo contra la persona que quería matar.

En la situación creada, ¿cuál fue **homicidio**?, ¿cuál fue asesinato? No es difícil responder acertadamente.

Ahora te dejo con un enigma: cuando Rómulo mata a su hermano Remo (los cofundadores de Roma) o Caín mata a su hermano Abel (personajes bíblicos), ¿cómo clasificarías tales muertes?

Hurto

Del vocablo latino ***furtum*** desciende la palabra **hurto**. Los romanos emplearon dicho término con una amplia concepción, confundiendo en él tanto al propio **hurto** como al robo y otras figuras tales como el abuso de confianza, el uso ilícito de cosas ajenas y su manipulación fraudulenta.

La diferencia esencial entre el **hurto** y el robo es que en el primero su comisor no emplea violencia o intimidación en las personas o fuerza en las cosas, sí presentes en el segundo.

El artículo 322 del Código Penal cubano califica de **hurto** al hecho delictivo cuyo comisor sustrae una cosa mueble de ajena pertenencia y con ánimo de lucro.

La Habana : Editorial Universitaria, 2013. -- ISBN 978-959-16-2178-8

Por supuesto nada dice sobre el empleo de la violencia o intimidación de personas o de fuerza en las cosas, elementos que reserva para el robo.

Consulta los artículos 327 y 328 del propio Código Penal y apreciarás las semejanzas y diferencias entre el **hurto** y el robo.

Para concluir, dos breves acotaciones, una histórica y otra literaria.

El denominado Código de Defensa Social (1936) promulgado en la república burguesa bajo el gobierno de Federico Laredo Brú, marcó un paso de avance para la ciencia penal cubana y dentro de sus delitos en especie calificó el de "**hurto** campestre" como famélico (ya conocemos este adjetivo), destinado a sancionar más levemente a los hambrientos que vivían al socaire de la crisis capitalista que se hacía sentir con fuerza en Cuba y les compelía a **hurtar**.

El personaje principal de la novela "Los Miserables" del escritor francés Víctor Hugo (1802-1885), el reo Jean Valjean, **hurtó** un pedazo de pan, acción desesperada que lo condujo a prisión por largos años.

¿La leíste? Si no, todavía tienes por delante el placer de disfrutarla.

La Habana : Editorial Universitaria, 2013. -- ISBN 978-959-16-2178-8

I

Idoneidad demostrada

La categoría laboral de **idoneidad** irrumpe en la legislación nacional en 1980 con la promulgación del Decreto-Ley 40.

A partir de entonces y hasta la década de los noventas del pasado siglo, su definición en sentido negativo ("falta de **idoneidad**" e "ineptitud") diferenciaba la **idoneidad**, propiamente, y la aptitud de los trabajadores.

Con la implantación del Perfeccionamiento Empresarial, en 1998, se acuña el término de **idoneidad demostrada** que subsume los conceptos de **idoneidad** y aptitud, ahora en un análisis integral de indicadores, sobre los cuales descansa aquella.

La manifestación evidente de la **idoneidad demostrada** de un trabajador le proporciona su ingreso al empleo, su permanencia y promoción en él, así como su incorporación a cursos de capacitación y desarrollo.

Los requisitos generales de la **idoneidad demostrada** diseñados por la legislación vigente (Resolución Número 8 de 2005 del Ministerio de Trabajo y Seguridad Social y el Decreto Número 281 de 2007, en sus artículos 20 y 333, respectivamente) guardan estrecha semejanza, salvo en el de experiencia y conocimientos demostrados, exigido por el segundo, como se aprecia a seguidas:

- Realización del trabajo con la eficiencia, calidad y productividad requeridas.
- Cumplimiento de las normas de conducta y disciplinarias establecidas por la entidad, así como aquellas características personales también exigidas.
- Calificación formal, en relación con el puesto a desempeñar.

Los incisos a) y c), más el acotado anteriormente, integran la aptitud del trabajador, en tanto que el b) configura el de la **idoneidad**: su integración, la **idoneidad demostrada**.

Compete a los directores de las entidades laborales decidir sobre la **idoneidad demostrada** de los trabajadores, tras la recomendación ofrecida por el comité de expertos de las mismas, órgano asesor de aquellos.

La **idoneidad** (calidad de idóneo: del latín ***idoneus***, apropiado) en el lenguaje también es esencial para cualquier persona: no se dice ***idoniedad*** como algunos exclaman.

Una manera de ser es una manera de hablar.

Ilegal

El calificativo **ilegal** inunda con su presencia un gran número de normas jurídicas cubanas. Solo los ejemplos que se suceden te probarán con creces tal afirmación.

La Habana : Editorial Universitaria, 2013. -- ISBN 978-959-16-2178-8

El término **ilegal** (del latín ***lex***, ***lege***) o contrario a la ley como acepción más común, está presente en el Código Penal en los delitos que se mencionan a continuación: exacción **ilegal** (artículo 153), exhumaciones **ilegales** (artículo 188), portación y tenencia **ilegal** de armas o explosivos (artículos 211-214), entrada **ilegal** en el territorio nacional (artículo 215), salida **ilegal** del territorio nacional (artículos 216-217), difusión **ilegal** de invento (artículo 226), tráfico **ilegal** de moneda nacional, divisas, metales y piedras preciosas (artículos 235-236), sacrificio **ilegal** de ganado mayor (artículo 240), explotación **ilegal** de la zona económica de la República (artículo 241), extracción **ilegal** del país de bienes del patrimonio cultural (artículo 244), transmisión y tenencia **ilegal** de bienes del patrimonio cultural (artículo 245), exploración arqueológica **ilegal** (artículo 247), registro **ilegal** (artículo 288) y matrimonio **ilegal** (artículo 307).

Cada una de las figuras delictivas anteriores sucedidas por el adjetivo **ilegal** muestra que tales acciones o hechos son contrarios a la ley.

También en el orden administrativo existen dichas conductas **ilegales** sin alcanzar la categoría de delitos. Pero en fin, cualquiera que fueren tales contravenciones o delitos, de consuno les une el calificativo de **ilegales** porque están contra una norma jurídica o ley. Ni más ni menos significa esta palabra.

La Habana : Editorial Universitaria, 2013. -- ISBN 978-959-16-2178-8

Ilícito

Un sinónimo de ilegal es el término **ilícito** (del latín ***licitus***: legal, voz que iniciada con el prefijo o letra "i" le confiere un sentido negativo a dicho concepto).

Relatemos ahora aquellos delitos (todos ellos son **ilícitos**) que son calificados, redundantemente, de **ilícitos**, también entresacados del Código Penal cubano: enriquecimiento **ilícito** (artículo 150), negociaciones **ilícitas** (artículo 153), producción, venta, demanda, tráfico, distribución y tenencia **ilícitos** de drogas estupefacientes, sustancias psicotrópicas y otras de efectos similares (artículos 190-193), asociaciones, reuniones y manifestaciones **ilícitas** (artículos 208-209), actividades económicas **ilícitas** (artículos 228-229), ocupación y disposición **ilícitas** de edificios o locales (artículos 231-232), actividades **ilícitas** con respecto a las recursos naturales de las aguas territoriales y la zona económica de la República (Capítulo XVII), pesca **ilícita** (artículo 242) y aborto **ilícito** (artículos 267-271).

Por su parte, el Código Civil abunda en sus artículos del 81 al 88 en los actos **ilícitos** civiles.

En fin, todos ellos van contra la ley.

De lo expuesto derivamos una conclusión: los términos ilegal e **ilícito** apuntan hacia una misma realidad: califican actos o hechos que atentan contra la ley.

En otras palabras, son voces sinónimas que los legisladores emplean indistintamente en pos de una belleza en el lenguaje jurídico.

La Habana : Editorial Universitaria, 2013. -- ISBN 978-959-16-2178-8

Acabo con un aforismo latino: ***Non omne quod licet honestum est***.

Quiere decir "no todo lo que es lícito es honesto".

Pero de parangonar la honestidad y la honradez se libra de este trabajo. Inténtalo tú.

Imprudencia

La palabra **imprudencia** está compuesta por el prefijo **im** (equivalente a no) y el término **prudencia** (del latín ***prudens***: cauto, circunspecto), cuya acepción puede asumirse como la falta de prudencia o, lo que es lo mismo, un actuar negligente.

La **imprudencia** tiene un fuerte impacto en el Derecho, en particular para su rama penal. Es así que la **imprudencia** origina responsabilidad en el orden penal y para calificarla es indispensable que el hecho determinante no sea malicioso o intencional, y que el agente comisor, al realizarlo, no se proponga causar daño alguno.

Imagina que el conductor de un vehículo automotor lo conduce en estado de embriaguez alcohólica y provoca un accidente de tránsito con su casi siempre inevitable secuela de heridos y fallecidos. He aquí cómo la **imprudencia** de su actuar devino en un delito.

El artículo 9 de nuestro Código Penal señala en su punto 1 que el delito puede ser cometido intencionalmente o por **imprudencia**. Y más abajo, en el punto 3 del propio artículo, describe que el delito se comete por **imprudencia** cuando el agente previó la posibilidad de que se produjeran las consecuencias socialmente peligrosas de su acción u omisión, pero esperaba, con ligereza, evitarlas, o cuando no previó la posibilidad de que se produjeran a pesar de que pudo o debió haberlas previsto.

Esto último fue lo que le aconteció a nuestro **imprudente** chofer.

¡Hay que evitar las **imprudencias**!

Imputar versus Impugnar

La antinomia **imputar-impugnar** es tan antagónica y contradictoria como las voces acción y excepción, ya comentadas.

Las que ahora nos ocupan están muy difundidas por su uso en casi todas las ramas del derecho pero destacan sobremanera en los ámbitos penal y paterno-filial.

Ambas se inician con el prefijo **im**, mutación de **in** delante de **b** o **p**, como es nuestro caso, indicando negación o privación.

Así, **imputar** (del latín ***imputare***) es atribuir a otro un hecho culpable, en tanto que, **impugnar** (del latín ***impugnare***) es refutar o combatir tal inculpación.

El artículo 16.2 del Código Penal señala que la responsabilidad penal es exigible a la persona natural a partir de los 16 años de edad cumplidos en el momento de cometer el acto punible.

De esta forma, al arribar el ciudadano cubano a tal edad se convierte en un sujeto potencialmente **imputable** de la presunta comisión de un hecho delictivo.

Nuestro Código de Familia establece ciertos presupuestos que permiten a la madre de un menor de edad **imputarle** a un hombre la paternidad sobre su hijo.

Pienso que estas situaciones aclaran la relevancia del término **imputación** y su trascendencia social.

Analicemos **impugnar**.

Una escritura notarial, digamos por caso un testamento, puede ser **impugnado** ante un tribunal si se alega determinado grado de nulidad en su otorgamiento.

Un hombre, generalmente son ellos, puede **impugnar** la inscripción del nacimiento de un niño que le fuera **imputado** como hijo suyo. Para que la **impugnación** prospere, lo consigno con ánimo educativo, sólo podrá fundarse en la imposibilidad de los cónyuges para haberlo procreado.

Con las nuevas situaciones ofrecidas a tu consideración, queda evidenciado que la **impugnación** actúa cual resorte oprimido por quien considera lesivo para sus intereses personales el actuar de otro, quien inició el contrapunteo legal esgrimiendo la **imputación**.

En fin, **imputación** versus (contra) **impugnación** conforman una unidad dialéctica de conceptos contrarios en el mundo jurídico.

Incesto

La horda, como forma rudimentaria de organización social, caracteriza el primer período de la comunidad primitiva o sociedad gentilicia.

En ese momento histórico de la humanidad es imposible hablar de una estructura familiar como la que hoy conocemos y vivimos.

Las relaciones sexuales en ella eran animales, ni más ni menos, es decir, promiscuas, **incestuosas** (busca en un diccionario la primera palabra porque de la segunda hablaremos a seguidas).

El **incesto** (de latín ***incestus: in,*** partícula de negación y ***castus***, puro o casto*)* no es más que la práctica de relaciones sexuales entre parientes dentro de los grados en que les está prohibido el matrimonio.

El Código de Familia cubano establece en su artículo 5, numeral 1 la prohibición de contraer matrimonio entre los parientes en línea directa, ascendente y descendente (vale decir, padres, abuelos, hijos, nietos, etc.), y los hermanos de uno o doble vínculo (como se dice popularmente "hermano de padre o madre" o "hermano de padre y madre").

Si un matrimonio entre dichos parientes llegara a formalizarse, su nulidad sería absoluta: estaríamos en presencia de un matrimonio **incestuoso**.

Por su parte, el Código Penal en los numerales 1 y 2 de su artículo 304, al referirse al delito de **incesto**, dispone que "el ascendiente (***padre***, ***abuelo***, etc.) que tenga relaciones sexuales con el descendiente (***hijo***, ***nieto***, etc.), incurre en

La Habana : Editorial Universitaria, 2013. -- ISBN 978-959-16-2178-8

sanción de privación de libertad de dos a cinco años; la sanción imponible al descendiente es de seis meses o dos años de privación de libertad".

Continúa exponiendo el Código Penal en el propio precepto que "los hermanos que tengan relaciones sexuales entre sí, incurren en sanción de privación de libertad de tres meses a un año, cada uno".

¡Ejemplarizantes sanciones, que no puede ser de otra manera!

Como vimos, las relaciones **incestuosas** son tan viejas como la propia humanidad y a lo largo de su historia, tan aberrante práctica carnal, de cuando en cuando, ha sido reconocida en connotados personajes históricos. Te ofrezco un ejemplo: el emperador romano Calígula (12-41 ne.) afirmaba que su madre había nacido de un incesto del emperador Augusto (63 a.n.e,-14 ne.) con su hija Julia, y que él mismo tuvo comercio incestuoso y continuo con sus tres hermanas. Esto lo afirma el historiador Suetonio (69-150 ne.), contemporáneo suyo, poco más o menos.

También el incesto ha servido de trama argumental para novelas (recuerda las relaciones incestuosas entre los medios hermanos Leonardo Gamboa y la mulata Cecilia Valdés, narradas en la novela costumbrista "Cecilia Valdés" o "La Loma del Ángel" (1842) de Cirilo Villaverde) y películas, amén de denominar enfermedades o trastornos psicológicos, descritos por Sigmund Freud (1856-1939) como los "complejos de Edipo y Electra", personajes griegos con tales aberraciones.

Nada: la práctica sexual, además de ser protegida por el condón, debe repudiar el **incesto**.

Indemnizar

La palabra castellana "daño" procede de la voz latina ***damnum***, con igual significado.

Por su parte el vocablo **indemnizar** (del latín **indemnes** o ileso, libre de daño) se emparienta con aquella en un contrapunteo que indica hacia el binomio daño-reparación del daño, con relevancia jurídica.

Así pues, **indemnizar** es la acción jurídica de reparar un daño o perjuicio causado a una persona. La indemnización puede ser material o moral.

El Código Civil nuestro destina los artículos del 81 al 99 a la reparación de los daños o perjuicios causados y comprende, entre otros, la **indemnización**.

¡Consúltalos!

En la Tabla VII romana se escribió hace aproximadamente 2500 años, en su segundo apartado, el siguiente precepto: "El daño causado sin malicia, repárese".

Desde entonces, y mucho antes, anda entre los seres humanos el concepto dicotómico daño-**indemnización**.

Inmueble

A los romanos se les ocurrió clasificar las cosas que les rodeaba en su ciudad de las Siete Colinas.

La Habana : Editorial Universitaria, 2013. -- ISBN 978-959-16-2178-8

Por pura intuición apreciaron que en sentido general hay cosas que se mueven fácilmente y otras que son inamovibles. A estas últimas les bautizaron con el nombre de **inmuebles**.

El suelo, para los ciudadanos de Roma, fue el **inmueble** por excelencia.

La palabra **inmueble** (del latín ***immobilis***, sin movimiento) se compone de la partícula negativa **in** y de la voz **mueble**, de lo que se deduce que una cosa **inmueble** es una cosa que no se mueve o traslada.

Los inmuebles más importantes en Cuba para sus ciudadanos son las viviendas y las fincas de los agricultores pequeños.

El Estado cubano ha organizado un sistema de oficinas o registros en los cuales se inscriben las casas y las tierras, sea quien fuere su dueño o propietario. Su inscripción, en aquellos casos así exigida, garantiza la legitimidad del inmueble asentado en sus registros y su ocupación pacífica.

Interrupción

La **interrupción** como categoría del derecho corre por dos vertientes: una civilista y otra laboral.

Interrupción es una palabra compuesta por la preposición ***inter*** (entre) y la también voz latina ***ruptum*** (roto), de ahí que, literalmente signifique "entre rotos" porque en verdad provoca desgarros en el tiempo: el derecho se contonea con el tiempo. Veamos.

El Código Civil en sus artículos del 114 al 120 regula los términos de prescripción para el ejercicio de las acciones civiles, los cuales parten en cinco años y se reducen hasta tres meses, en una gradación temporal de acuerdo con la importancia que le haya concedido el legislador.

En el artículo 121 irrumpe la figura de la **interrupción** de la prescripción. ¿Qué significa esto?

El propio precepto ofrece la respuesta. Intenta leerlo y contrástalo con esta ilustración.

Si una persona ejerce su acción, digamos por caso, para reivindicar una bicicleta suya prestada pero no devuelta, dentro del término de tres años que señala el artículo 115 del Código Civil, con dicho ejercicio se **interrumpe** el término de prescripción.

Si esta persona reclamó la devolución de su bicicleta al año y medio de haberla prestado, al ejercitar la acción se consumó la figura de la **interrupción** y a partir de entonces, no le resta otro año y medio para volver a reclamar sino que otra vez dispondrá de los tres años señalados en el artículo 115.

Esto es una veleidad del derecho concedida al reclamante para beneficiarle en su gestión.

En pocas palabras, el que ejercita su acción legal dentro del término concedido para su caso, detiene el transcurso del tiempo y a partir de entonces, comienza a disfrutar de un nuevo término, tan prolongado como el inicial para su reclamación.

Averigua más al respecto con un jurista para que acabes de comprender.

El Derecho Laboral cubano ha acuñado una definición muy singular para la **interrupción**. Según la Resolución 34 de 2011 del Ministerio de Trabajo y Seguridad Social, la **interrupción** laboral es "la paralización transitoria del proceso de trabajo que provoca la inactividad del trabajador durante su jornada laboral o por un período igual o superior a esta, y se produce por alguna de las causas siguientes" (sólo apunto tres de ellas): "rotura de equipos, falta de piezas de repuesto, la acción de la lluvia, ciclón, incendio u otros factores adversos...".

El trabajador que enfrenta una **interrupción** recibe un tratamiento laboral y salarial de acuerdo con su situación, regulado en la resolución invocada.

Irretroactivo

La frontera del tiempo, este último como forma de existencia de la materia, permanece inconquistada. No obstante, para el escritor británico Herbert George Wells (1866-1946) y para el Derecho, sus límites han sido rebasados.

En la novela de ciencia-ficción *La máquina del tiempo*, escrita por Wells, su protagonista se mueve caprichosamente a través de la cuarta frontera, avanza y retrocede sin temor alguno al dios Cronos, se hunde en el pasado remoto y luego se proyecta en el porvenir.

Para los juristas, las normas legales pueden navegar en la cuarta dimensión, es decir, tienen eficacia en el tiempo.

La Habana : Editorial Universitaria, 2013. -- ISBN 978-959-16-2178-8

En principio, las leyes son **irretroactivas**, lo que quiere decir que cuando son promulgadas, sus efectos jurídicos se hacen sentir desde ese momento y hacia el futuro. Marchan paralelamente con el tiempo, esto es, tienen un carácter unidireccional desde el presente hasta el futuro.

Este rasgo que les veda la ocasión de incursionar hacia el pasado, se conoce como el carácter **irretroactivo** o **irretroactividad** en el tiempo de las normas jurídicas.

En principio las normas jurídicas civiles (el Código Civil, por ejemplo) son **irretroactivas**: no pueden sus efectos jurídicos tutelar hechos o actos ocurridos en el pasado.

Analiza la estructura morfológica de la palabra **irretroactiva** (i-retro-activa) y sacarás como conclusión que quiere decir que no obra o no tiene fuerza sobre lo pasado.

¿Pero son todas las normas jurídicas **irretroactivas**?

Si continúas con la lectura de esta obrilla encontrarás la respuesta a la interrogante formulada. ¡Adelante, entonces!

La Habana : Editorial Universitaria, 2013. -- ISBN 978-959-16-2178-8

J

Judicial

La voz **judicial** (latín ***iudicialis***) arranca desde los inicios mismos del derecho romano.

Entiéndese por **judicial,** en sentido lato, lo correspondiente al juicio o a la administración de justicia, razón que lo identifica con el juez y con el tribunal o corte de justicia.

Años antes de que estallara la revolución burguesa en Francia, Carlos de Secondat, barón de la Brede y de Montesquieu (1689-1755), universalmente conocido como Barón de Montesquieu, escribió en 1748 su obra "El espíritu de las leyes" y con ella desanda su teoría sobre lo que denominó la tripartición de poderes, es decir, según Montesquieu, el Estado debe tener separados los poderes que le instituyen (ejecutivo, legislativo y **judicial**), de forma tal que atenten contra el absolutismo monárquico que le tocó vivir.

Así las cosas, para Montesquieu el poder **judicial** se conformaría por el sistema de jueces o tribunales que impartirían justicia en un país, cuyas jerarquías estarían estratificadas según sus competencias para conocer de los asuntos a ellos sometidos. Para él, el poder **judicial**, al

La Habana : Editorial Universitaria, 2013. -- ISBN 978-959-16-2178-8

unísono con los dos restantes, ayudaría a contrapesar el poder estatal centralizado.

Nuestro Derecho desestima la referida teoría burguesa sobre la tripartición del poder y levanta, con toda razón, que el poder es uno.

Ahora bien, eso no quiere decir que no exista la función estatal de impartir justicia en Cuba.

Para que te ilustres al respecto, lee los artículos 120 a 126 de nuestra Constitución y obtendrás una visión general del sistema **judicial** cubano.

Juez

De acuerdo con el artículo 8.1 de la Ley de los Tribunales Populares cubanos, de 11 de julio de 1997, la denominación general de **jueces** comprende a todos los que integran los tribunales y en ellos imparten justicia, cualquiera que sea la instancia en que lo hagan.

De otro modo, un **juez** es un funcionario público que tiene autoridad para juzgar y sentenciar. El vocablo (del latín ***iudex***) se empleaba en la vieja Roma para designar a un ciudadano patricio escogido, supuestamente ducho en Derecho y justo, de común acuerdo entre las partes litigantes para dirimir el conflicto que les separaba.

Mucho más adelante en la historia de este pueblo, los **jueces** comenzaron a profesionalizarse y con ello la función judicial se perfilaba como una función de carácter público, estatal.

De ahí que, nuestro conocido texto Digesto (libro V, título I, Ley 78), proclamara que “el juzgar es cargo público”.

Nuestro sistema judicial comprende dos denominaciones elementales de los **jueces**: los **jueces** profesionales y los **jueces** legos.

Los **jueces** profesionales son aquellos que ostentan un título universitario de la carrera de Derecho y su ingreso a los tribunales cubanos responde a los ejercicios de oposición a que convoque el Tribunal Supremo Popular, de acuerdo con los candidatos que aspiren a tal condición y resulten aprobados.

Por su parte, los **jueces** legos (que no tienen calificación profesional como juristas) son electos como tales para el desempeño de esas funciones por un determinado período. El artículo 43 de la citada Ley de los Tribunales Populares regula los requisitos exigidos para ser un **juez** lego. ¡Consúltalo!

Si lo haces podrás comprobar que tú puedes ser elegido como uno de ellos, si cumples tales exigencias.

Los **jueces** legos encarnan la representación del pueblo cubano en la impartición de justicia.

¡Ah, se me olvidaba! El sustantivo **juez** es masculino, de aquí que la mujer en el ejercicio de esta profesión debe ser llamada “**el juez**” y no la juez o jueza, aunque ya tiene luz verde este último en varios lexicones.

La Habana : Editorial Universitaria, 2013. -- ISBN 978-959-16-2178-8

Juicio

Con frecuencia escuchamos la frase "fulano perdió el **juicio**" y con ella se alude a que dicha persona perdió la cordura o la razón. Esta es una acepción de nuestra palabra pero no nos interesa aunque no está desencaminada de nuestro propósito.

Se entiende por **juicio** (***iudicium*** en latín) a la facultad de juzgar y, a su vez, este infinitivo quiere decir ejercer funciones de juez o resolver pleitos sometidos a su consideración.

Así las cosas, el **juicio** es uno de los actos procesales más trascendente ya que sin él sería imposible la recta aplicación del Derecho entre aquellos inmersos en una controversia judicial.

La III Partida (¿recuerdas las 7 Partidas?) en su Ley I, título XXII entiende por **juicio** "a la sentencia y a todo mandamiento del juez", postulado que no resulta desacertado del todo, aunque incompleto.

Una clasificación de los **juicios**, según la doctrina, elemental, por razón de la materia, puede ser **juicio** civil y **juicio** criminal o penal; si se atiende a su modo de proceder, entonces el **juicio** puede ser, entre otros, ordinario, sumario, escrito, oral y público.

Nuestra Ley de Procedimiento Civil, Administrativo, Laboral y Económico no empleo el término "**juicio**" sino el de proceso o procedimiento que para el caso es lo mismo. Sirvan a manera de ejemplos los procesos de divorcio y de amparo en la posesión.

Por su parte, la Ley de Procedimiento Penal sí utiliza el término "**juicio**" al que califica de oral, y es un estadio avanzado en el desarrollo del proceso penal, caracterizado por los debates orales que sostienen abogados y fiscales en pos del esclarecimiento de la verdad de los hechos imputados.

Desde temprano en su historia, los romanos se tomaron muy en serio el asunto de los **juicios**. La Tabla I de la Ley de las XII Tablas (¿te acuerdas de ellas?), fue destinada a regular el **juicio**. Su primer apartado dice: "El llamado a **juicio** comparezca en el acto".

He aquí para terminar un sabio principio general del Derecho, muy a propósito de lo expuesto: "Nadie puede ser condenado sin ser oído y vencido en **juicio**".

El artículo 59 de la Constitución cubana garantiza este principio.

Pincelada histórica: el **juicio** de Nuremberg, incoado por las potencias aliadas, vale decir, Unión Soviética (pagó el mayor número de víctimas con alrededor de 20 millones de muertos), Estados Unidos de América, Gran Bretaña y Francia, contra los principales cabecillas del régimen nazifascita alemán, al terminar la Segunda Guerra Mundial (1939-1945), comenzó el 18 de octubre de 1945 con la acusación contra 24 de estas personas. Los actos procesales se iniciaron el 20 de noviembre del mismo año. Doce de los acusados fueron ejecutados en la horca el 16 de octubre de 1946.

La Habana : Editorial Universitaria, 2013. -- ISBN 978-959-16-2178-8

Jurisdicción

La palabra **jurisdicción** (del latín ***iurisdictio***) significa, literalmente, "dice el derecho". Los primeros en utilizarla, como tantas otras, fueron los romanos de la antigüedad quienes con ella bautizaban así la facultad que poseían los magistrados de la época para conocer de los litigios por razón de aplicación del Derecho y dictar la solución en la controversia entablada. Andaban por buen camino.

Podemos afirmar, entonces, que la **jurisdicción** en sentido estricto es la competencia para conocer de un asunto y aplicar el derecho. En la mayoría de los casos, los conocedores de los asuntos a ellos sometidos, eran los jueces.

La doctrina jurídica enseña sobre la variada existencia de tipos de **jurisdicción**, mas no es necesario, dado nuestro alcance, invocarlos.

No obstante, hay uno inexcusable: la **jurisdicción** como sinónimo de ámbito territorial. Este ejemplo te ilustra: las aguas **jurisdiccionales** cubanas.

Ahora basta con saber que los términos **jurisdicción** y competencia son el uno para el otro como el anillo que entra en el dedo anular con precisión.

Consulta los artículos 1,2,3,5,6,7 y 8 de la Ley de Procedimiento Civil, Administrativo, Laboral y Económico, y los 4,5,6,7,8,9,11 y 12 de la Ley de Procedimiento Penal y apreciarás en ambos textos de esferas procesales distintas la imagen del anillo y el dedo anular, es decir, la interdigitación de **jurisdicción** y competencia.

La Habana : Editorial Universitaria, 2013. -- ISBN 978-959-16-2178-8

Concluyo con esta frase lapidaria: "La competencia es la medida de la **jurisdicción**".

¿Entendiste? Busca ayuda, si no, con juristas.

Jurisprudencia

La simple lectura de la voz **jurisprudencia** denota que es una palabra compuesta: juris (derecho) y prudencia (latín ***prudens***), es decir, significa sagacidad, circunspección, moderación, esta última.

De aquí que la **jurisprudencia** en sentido lato es la aplicación del derecho con buen discernimiento o ciencia del derecho.

Para el Digesto (en su libro I, título I, Ley 10) la "**jurisprudencia** es el conocimiento de las cosas divinas y humanas y la ciencia de lo justo y de lo injusto".

Por supuesto, tal definición que data de casi mil quinientos años atrás, ha sido validada y circunscrita a la interpretación racional de la leyes.

Pero también en los países cuyo derecho es de base romano-francés, las decisiones del máximo tribunal de justicia, es decir, las sentencias pronunciadas por el tribunal supremo, se conocen bajo la denominación de **jurisprudencia**. Pongamos por ejemplo, un abogado francés alega ante un tribunal de aquel país la existencia de una sentencia anterior que data de treinta años atrás, y ahora la invoca por la semejanza con el hecho actual que se juzga y solicita al

La Habana : Editorial Universitaria, 2013. -- ISBN 978-959-16-2178-8

órgano jurisdiccional que se pronuncie como aquel lo hizo en ese entonces: ¡esto es **jurisprudencia**!

En estos países, la **jurisprudencia** es considerada como una fuente de derecho. En Cuba, a pesar del mismo ancestro legal, no se admite la **jurisprudencia** como tal; nuestra principal fuente formal de derecho es la ley o normas jurídicas.

Entonces, si bien no se acepta la **jurisprudencia** como fuente de derecho, tal negación no excluye que cualquier operador del derecho en nuestro país, interprete y aplique rectamente las leyes: eso es prudencia en el derecho o **jurisprudencia**.

Justicia

En los tiempos de Homero (¿850 ane?), el autor de los poemas épicos Ilíada y Odisea (¿no los has leído?), la **justicia** se debatía entre dos diosas: Themis, la más reconocida universalmente por sus ojos vendados, la espada inhiesta en un brazo y una balanza al fiel en el otro, y Diké que ahora te presento.

Aquella se asocia a un orden social ingenuo, apacible y la última, como expresión normativa de una voluntad de clases antagónicas en lucha.

De esta manera, la justicia griega tenía un soplo inspirador divino, supuestamente. Algo de esto heredaron los romanos.

La **justicia** (latín ***iustitia***: el derecho, lo justo) romana se retrata, conceptualmente, en la siguiente frase latina: ***Iustitia***

est constans et perpetua voluntas ius sum cuique tribuendi o "la **justicia** es la perpetua y constante voluntad de dar a cada uno su derecho".

Para el jurista de aquellos días, Ulpiano, la **justicia** era "la voluntad constante y perpetua de dar a cada uno el derecho que le pertenece", como puedes apreciar casi idéntica a la anterior definición.

Sin embargo, es necesario resaltar que tales definiciones fueron ofrecidas en plena sociedad esclavista donde se admitía como justa la desigualdad de los seres humanos.

Hoy corresponde a los tribunales o cortes judiciales ejercer la **justicia**; de aquí las frases que suelen escucharse, tales como "hacer **justicia**", "proceder en **justicia**", "resolver en **justicia**".

Cierro con cuatro citas al respecto:

"La función de impartir **justicia** dimana del pueblo...". (Artículo 120 de la Constitución de la República de Cuba)."En la **justicia** no cabe demora y el que dilata su cumplimiento, la vuelve contra sí" (José Martí y Pérez)."Donde no hay **justicia** no puede haber derecho". (Digesto: libro I, título I, Ley 10.)."***Summum ius, summa iniuria***" o exceso de **justicia,** exceso de injusticia. (Cicerón 106-43 ane: Los Oficios, libro I.).En fin, ¡sé justo!

La Habana : Editorial Universitaria, 2013. -- ISBN 978-959-16-2178-8

Legado

El **legado** (del latín ***legatus***) es definido en la Instituta (texto jurídico con propósitos didácticos cuya redacción también fue ordenada por el emperador bizantino Justiniano en el año 533 ne.) como “una especie de donación dejada por el difunto”.

El **legado** es expresión liberal del testador cuya ejecución corre a cargo del heredero testamentario, y le distingue su carácter particular y recaer sobre bienes específicos de la herencia.

Por ejemplo: en un testamento otorgado ante el notario, el testador dispone que todos sus bienes, tras su fallecimiento, pasen a tu favor, pero, igualmente, dispone que su bicicleta me sea entregada. Tal liberalidad es el **legado**.

Nuestro Código Civil regula en su artículo 496 esta institución jurídica. Dice así: el testador puede disponer de determinados bienes a favor de uno o varios legatarios (en el ejemplo señalado yo sería el legatario). Y concluye afirmando que también puede distribuir toda la herencia en **legados**.

Ahora es fácil arribar a la siguiente conclusión: el **legado** es un bien que el legatario recibe tras la muerte del que hizo un testamento a favor de otra persona pero que mencionó tal disposición, y esta está en el deber de extraer dicho bien de toda la masa hereditaria que se adjudicó y entregarlo.

Aprecia cómo la VI Partida de Alfonso X, el Sabio, en su Ley I, título IX, define el **legado**: "Es una manera de donación que deja el testador en su testamento o codicilo o algo por amor de Dios y de su alma o por hacer algo a que aquel deja la manda".

Legal

El precio **legal** de la vivienda fue estimado en diez mil pesos. El alumno aprobó la asignatura de Medicina **Legal**.

En las dos situaciones anteriores la palabra **legal**, usada como adjetivo, califica a los sustantivos o nombres precio y Medicina, y les confiere cierta singularidad.

Legal, es obvio, significa conforme con la ley; entonces se infiere que el precio **legal** es aquel fijado en una tarifa o tasa oficial o estatal que le autentica, en tanto que Medicina **Legal** es una rama de aquella ciencia que se vincula con las normas jurídicas a los fines de la administración de justicia.

En fin, **legal** (latín ***legalis***) es la observación de la norma o disposición vigente en contraposición a lo ilegal o ilícito (como antes vimos).

La Habana : Editorial Universitaria, 2013. -- ISBN 978-959-16-2178-8

Legalidad

Cuando abordamos el tema de la **legalidad** en un país, en esencia, nos referimos al régimen político estatuido por la ley fundamental del Estado, es decir, su Constitución o Carta Magna.

Todos los Estados modernos cuentan con tal norma. La nuestra data de 1976.

Por supuesto, **legalidad,** o la calidad de legal, desciende del término latino ***legalis***, y al abundar en él para hallar una definición más abarcadora, podemos colegir que el estricto cumplimiento del orden legal trazado por la Constitución y la madeja de normas jurídicas entrelazada con aquella, por parte de todos los ciudadanos y entidades sociales del país, se denomina **legalidad**.

En nuestro país se fomenta una cultura ciudadana de respeto consciente a la ley, y a la vez, se combaten las violaciones que atenten contra la **legalidad** socialista, cualesquiera que fueren; todo ello en pos de un orden social más justo, más humano.

Sendos principios contenidos en las leyes números 82 y 83, promulgadas en el año 1997, de los Tribunales Populares y de la Fiscalía General de la República, respectivamente, remarcan que, la primera en el inciso a) de su artículo 4, como objetivo principal, entre otros, de los tribunales es el "cumplir y hacer cumplir la **legalidad** socialista", en tanto, la segunda, en su artículo 1, expresa que, dentro de los objetivos de la Fiscalía General se halla "el control y la preservación de la **legalidad**, sobre la base de la vigilancia del estricto

La Habana : Editorial Universitaria, 2013. -- ISBN 978-959-16-2178-8

cumplimiento de la Constitución, las leyes y demás disposiciones legales …".

Así que es deber tuyo, mío y de todos los ciudadanos cubanos respetar la legalidad vigente en nuestro país.

Legislador

En español o castellano, el sufijo o terminación "**or**" identifica al sujeto o cosa que hace algo. Ello quiere decir, entonces, que investigador es la persona que investiga y elevador es la máquina o cosa que nos eleva (o desciende, según sea el caso) en altura; razones para afirmar que el **legislador** es el individuo que hace leyes. Así de simple.

En sentido estricto, en Cuba, nuestros diputados elegidos a la Asamblea Nacional del Poder Popular son **legisladores**.

El artículo 88 de la Constitución cubana declara, en su inciso a) que, entre otros, la "iniciativa de las leyes compete a los diputados de la Asamblea Nacional del Poder Popular".

La Historia ha conocido a célebres **legisladores**. Te muestro varios, de épocas y lugares diferentes. ¿Los conoces?

El espartano Licurgo (siglo IX a.n.e.), de quien se dice que erigió una estatua a la risa, y los atenienses Dracón (siglo VII a.n.e.) y Solón (¿638-559? a.n.e.), el primero de tanto rigor en sus disposiciones normativas (de ahí el calificativo de "draconianas" a las leyes severas) y el último, uno de los "Siete Sabios" de Grecia, fueron **legisladores** cuyos

La Habana : Editorial Universitaria, 2013. -- ISBN 978-959-16-2178-8

pronunciamientos legales estaban a favor de las clases esclavistas.

Los **legisladores** mambises, integrantes de la Cámara de Representantes (entre otros, Salvador Cisneros Betancourt y Miguel Jerónimo Gutiérrez) en armas (1869-1878) durante la Guerra Grande, adoptaron preclaras disposiciones en dicho período bélico, de trascendencia libertaria, dentro de las cuales se destacan las leyes de abolición de la esclavitud y de matrimonio civil.

En la Cuba republicana burguesa, se destacó en 1909 el **legislador** Emilio Arteaga, cuyo esfuerzo culminó en la promulgación de una ley que impidió el pago de los salarios a los trabajadores mediante fichas o vales. ¡Tanta era la explotación de aquellos días!

Figura cimera por su labor legislativa lo fue Antonio Guiteras Holmes (1906-1935), fundador de la organización revolucionaria "Joven Cuba", quien al frente de la Secretaría de Gobernación y Obras Públicas (1933), logró imprimirle un giro radical a las disposiciones legales adoptadas por el efímero gobierno de Ramón Grau San Martín, a la caída de Gerardo Machado.

Termino la rememoración histórica y acudo, otra vez, a las Partidas, en esta oportunidad a la I Partida, en Ley II, título I, donde sentencia que el **legislador** "debe ser entendido para saber departir el derecho del tuerto, y no debe haber vergüenza en mudar y enmendar sus leyes cuando entendiere o le mostraren razón por qué lo deba hacer; que el que a los otros ha de enderezar y enmendar, que lo sepa hacer a sí mismo cuando errare".

¡He aquí toda una filosofía para el legislador!

La Habana : Editorial Universitaria, 2013. -- ISBN 978-959-16-2178-8

Legislativo

Esta voz se aplica al derecho o potestad de hacer leyes, en sentido lato.

De acuerdo con la teoría burguesa de la tripartición del poder, el **legislativo** recae en un cuerpo o cámara donde reside la facultad de legislar (o hacer leyes: del latín ***legis***), elemento orgánico para el cumplimiento de los fines de los sistemas sociopolíticos.

El Congreso de los Estados Unidos de América, el Parlamento del Reino Unido de Gran Bretaña e Irlanda del Norte y la Dieta de la República de Polonia son representantes típicos del denominado "poder **legislativo**".

Bajo nuestra concepción de "poder único", en Cuba goza de potestad legislativa la Asamblea Nacional del Poder Popular que, en correspondencia con el artículo 70 de la Constitución, es el único órgano con potestad constituyente y legislativa en la república.

No obstante, si consultas el artículo 88 de la propia Constitución, apreciarás cuántas estructuras estatales, organizaciones de masas y sociales, así como los propios diputados, naturalmente, y tú y yo, gozamos de la iniciativa legislativa.

Legislatura

Los diputados que integran el parlamento unicameral cubano, es decir, nuestra Asamblea Nacional del Poder Popular, son elegidos por sus electores para ocupar un escaño o puesto en dicho órgano estatal por el término de cinco años.

El primer párrafo del artículo 72 de la Constitución de la República de Cuba confirma tal período.

El lapso de cinco años de ejercicio legislativo de la Asamblea Nacional, o de cualquier otra cámara en cualquier país, es conocido como **legislatura** (proviene de la familia de palabras derivadas de la voz latina ***legis***). Nuestro Parlamento ya va caminando su séptima **legislatura**. Su lapso de ejercicio efectivo en la actividad legislativa es fácil de estimar.

El cálculo es sencillo: si cada **legislatura**, como vimos, alcanza cinco años y está en curso su octava edición, entonces tendrá en poco 40 años, al menos, desde su creación, nuestra Asamblea Nacional.

¡Ah! A propósito de la palabra "lapso", empleada un poco más arriba. Significa "transcurso del tiempo". De modo que decir, retomando el ejemplo de nuestro Parlamento, que los diputados son elegidos por un "lapso de tiempo" de cinco años, es hablar de manera redundante. Los lapsos solo son de tiempo, no pueden ser de otra cosa.

Recuerda: ¡habla bien!

La Habana : Editorial Universitaria, 2013. -- ISBN 978-959-16-2178-8

Legitimar

Ciertamente el infinitivo **legitimar** significa probar la legitimidad de una persona o cosa. Ambas voces, **legitimar** y legitimidad (esta última, la calidad de legítimo) conforman una familia de palabras cuyo origen se remonta al término latino, ya comentado, ***legis*** (ley).

De ahí que todas ellas, de una forma u otra, tengan la connotación de legal. Ahora bien, desde la más remota antigüedad dichas voces están conectadas jurídicamente con la filiación, o en otras palabras, la condición legal o no de los hijos habidos en matrimonio o fuera de él.

Indubitada ha sido la maternidad pero no así la paternidad, en términos legales, no biológicos, desde los matrimonios por grupos.

La bastardía y la legitimidad de los hijos arrancan a partir del predominio del hombre en el seno familiar.

El derecho romano clasificó a los hijos, desde el punto de vista del matrimonio, en dos grupos: hijos legítimos (fueron los procreados en legítimo matrimonio) e hijos ilegítimos (eran los nacidos fuera del matrimonio formalizado o concubinato).

Los primeros gozaban de todos los derechos que la sociedad esclavista les permitiera; los segundos casi no tenían derechos.

Este estigma salvó, desde entonces, latitudes, espacios, nacionalidades y fechas y perduró en Cuba hasta el triunfo revolucionario de 1959.

A partir de ese momento, el infinitivo **legitimar** cayó en desuso en nuestro país para tal fin.

¿Pero qué es **legitimar**? Sencillamente, en las sociedades donde pervive esta deleznable institución jurídica, la legitimación es el acto jurídico por el cual entra en el seno familiar paterno en concepto de hijo legítimo un hijo natural engendrado fuera del matrimonio.

En otro momento, diferenciaremos este concepto del de reconocimiento de la paternidad, figura legal admitida por nuestro ordenamiento familiar.

Contundentes son los preceptos plasmados en los artículos 37, segundo párrafo, y 65 de la Constitución cubana y del Código de Familia, respectivamente, para que no queden dudas sobre la condición de los hijos.

Dice el primero que "está abolida toda calificación sobre la naturaleza de la filiación...". Y refrenda el segundo que "todos los hijos son iguales y por ello disfrutan de iguales derechos y tienen los mismos deberes con respecto a sus padres, cualquiera que sea el estado civil de éstos".

Los tiempos de Cecilia Valdés, la protagonista femenina de la novela homónima de Cirilo Villaverde, la que con su condición de hija natural pero ilegítima, engendrada por los amores furtivos de Don Cándido Gamboa con una negra, le vedaba su status social en la capital habanera del siglo XIX, teñida de esclavitud y colonialismo, ya solo son remembranzas literarias.

Los ojos de Themis, en Cuba, están firmemente vendados en este extremo.

En otra vertiente, pero con la palabra de turno, las firmas de toda clase de personas pueden ser **legitimadas** ante funcionario público (un notario, entre otros) como fórmula

La Habana : Editorial Universitaria, 2013. -- ISBN 978-959-16-2178-8

testimonial de su autenticidad para rendir efectos en determinados trámites administrativos, bancarios, etc.

Ley

La palabra "léxico" tiene dos acepciones: una como diccionario y otra como el caudal de voces de un idioma, con sus giros y modismos. Pues bien, quién iba a decirnos que léxico y **ley**, nuestra palabra de turno, están emparentadas etimológicamente.

Durante el período monárquico romano (753-509 a.n.e.) existió un órgano legislativo llamado comicio curial en el cual, a viva voz, los representantes de las curias romanas proponían y discutían las normas de comportamiento social de sus miembros, que comenzaron a llamarse ***leges*** (de ***lex***, voz latinizada procedente del griego: habla).

Estas primitivas normas condujeron a la aparición de las actuales **leyes**.

La **ley** (***lex***) es una norma jurídica dictada por el órgano legislativo del Estado, como vimos hace un rato.

Para los clásicos del marxismo, la voluntad de la clase social económicamente dominante se erige en **ley**.

En nuestro país, con un sentido restrictivo, se denomina **ley** a los pronunciamientos jurídicos de la Asamblea Nacional, aprobados por el voto favorable de los diputados. Sin embargo, con un espectro más generalizador, se identifica comúnmente con el título de **ley** a cualquier otro texto jurídico dictado por otros órganos de gobierno, vale decir, los decretos del Consejo de Ministros y las resoluciones de los ministerios, entre otros, los que nos ilustran al respecto.

Ahora, una definición del concepto **ley** presente en la **Ley** I, título I de la Primera Partida alfonsina, donde afirma que "leyenda en que yace enseñamiento y castigo escrito que liga y apremia la vida del hombre que no haga mal, y muestra y enseña el bien que el hombre debe hacer y usar; y otrosí es dicha **Ley** porque todos los mandamientos de ella deben ser leales y derechos y cumplidos según Dios y según justicia".

Para concluir la palabrita (lo digo porque sólo tiene tres letras), un refrán popularmente conocido pero que no tiene cabida en nuestro ordenamiento jurídico: "El que hizo la **ley**, hizo la trampa".

Licencia

La conducción de vehículos automotores, la tenencia de armas de fuego, la construcción de inmuebles y tantas otras actividades humanas requieren de la expedición, por las autoridades competentes, de las **licencias** para su ejercicio.

La palabra **licencia** (derivada de la latina ***licet:*** permitido) es un permiso concedido para hacer algo. En derecho, como apuntamos más arriba, diferentes autoridades administrativas las conceden, satisfechos los requisitos legales exigidos, para los más variados propósitos: comerciales, ambientales, militares, penales, sanitarios, laborales, etc.

Las **licencias** laborales extendidas al amparo legal, suspenden la relación laboral del trabajador con la entidad

La Habana : Editorial Universitaria, 2013. -- ISBN 978-959-16-2178-8

pero se mantiene el vínculo contractual entre ambos. Dentro de sus efectos se encuentran los siguientes: el trabajador no concurre a laborar; el salario, generalmente, es sustituido por una prestación monetaria de la seguridad social o garantía salarial, si tiene el carácter de retribuida; el período de duración de la **licencia** acredita tiempo de servicios para el trabajador, como si realmente lo hubiera laborado, entre otros.

Las **licencias** que con mayor frecuencia se conceden a los trabajadores, son las de maternidad (¿sabes que un padre también puede disfrutar los beneficios concedidos por la norma jurídica que regula la maternidad en nuestro país?), las deportivas y las culturales.

¿Has disfrutado alguna de ellas?

Lícito

La presencia o ausencia de una partícula alfabética en una palabra, cambia sustancialmente su significado.

Ya vimos que lo ilícito equivale a ilegal. Si suprimimos la letra "**i**" en ambas palabras, obtendremos un antónimo u otra palabra con un significado totalmente distinto.

La que ahora atrae nuestra atención, **lícito**, (del latín ***licet***: permitido) es aquello que no está prohibido por las leyes, aunque, como vimos en otro momento, no todo lo que es **lícito** es honesto, según el viejo aforismo latino: ***Non omne quod licet, honestum est***.

La Habana : Editorial Universitaria, 2013. -- ISBN 978-959-16-2178-8

No obstante tal pronunciamiento, nuestro ordenamiento legal conjuga su licitud con la honestidad socialista que le caracteriza.

Litigar

El infinitivo **litigar** (del latín ***litigare***: ***lit***, pleito; ***agere***, conducir) no es más que pleitear o disputar en juicio sobre una cosa, y de aquí que los tribunales devienen en la arena básica para dirimir estos conflictos.

Como fue apuntado entonces, **litigante** es el que disputa en proceso judicial con otro sobre alguna cosa, ya sea en concepto de actor o demandante o en el de demandado; cuando lo hace sin razón alguna se le llama "temerario". Algunos mal dicen la palabra y la mutan en ***litigiante***. ¡Qué horror!

Si en uno de los extremos antagónicos del litigio, o en ambos, los **litigantes** son varios, comienzan a conocerse como **litisconsortes**.

Abundo sobre el término con dos sabios principios del Derecho a él vinculados:

"Mucho gana quien de los pleitos huye"."Lo peor de los pleitos es que de uno nacen mil".Inspira tu vida en estos preceptos, hasta donde se pueda.

Esto fue lo que hizo la abogada norteamericana Myra Bradwell, quien no cejó en su empeño de **litigar** contra su estado natal de Illinois en 1873, defendiendo su derecho

La Habana : Editorial Universitaria, 2013. -- ISBN 978-959-16-2178-8

profesional, discriminado hasta entonces, de ejercer como tal ante las cortes judiciales de su país.

El litigio llegó hasta la Corte Suprema de la Unión y fue solo en 1890 que la jurista logró ser admitida como abogada **litigante**, a pesar de las miradas desdeñosas de sus colegas masculinos.

Hoy en nuestro país, son más las mujeres que ejercen la abogacía que los hombres.

Mandato

A lo largo de nuestras vidas nos solicitan o pedimos pequeños favores de representación: pagar el servicio eléctrico o telefónico ajeno, depositar una carta en el correo remitida por otra persona, solicitar una certificación de nacimiento que corresponde a un amigo y muchísimos más.

En estos casos el interesado nos pidió el favor, o nosotros, por agradarle, sin su conocimiento, lo hicimos.

En las situaciones narradas se halla en ciernes un contrato de **mandato** (mandar, dar órdenes).

El artículo 398 del Código Civil nos define en qué consiste. Lo detalla así: "Por el contrato de **mandato** una persona se obliga a realizar un acto jurídico o gestionar su realización en interés de otra".

De tal suerte, en el contrato de **mandato** aparecen dos personas o sujetos: una denominada ***mandante*** (es la que interesa la ejecución a su favor del acto jurídico) y otra llamada ***mandatario*** (o persona sobre la que recae la ejecución del acto jurídico). Este último actúa en nombre propio y en representación ajena.

Cuando el mandante confiere facultades de representación al mandatario, entonces estamos en presencia del ***poder***.

Si una persona acude al bufete colectivo y suscribe con un abogado el contrato de servicios jurídicos, se ha integrado el **mandato**: el cliente es el **mandante** y el abogado el **mandatario**, pero ahora dicha relación se empieza a llamar poder: el **mandante** deviene en el poderdante, en tanto el abogado, se transforma en el apoderado ya que actúa a nombre y en representación de aquel.

La mayoría de los poderes otorgados se formaliza ante el notario público.

Un último ejemplo: si tú decides que yo te represente en la permuta de tu vivienda, entonces acudiríamos al notario más cercano para formalizar el poder (o **mandato**) correspondiente, en el cual tú serías el poderdante (**mandante**) y yo sería tu apoderado (**mandatario**). El propio

La Habana : Editorial Universitaria, 2013. -- ISBN 978-959-16-2178-8

poder diseñaría las facultades que me fueron conferidas para consumar la permuta de viviendas.

El contrato de **mandato** (***mandatum*** en latín) existe desde la antigua Roma donde era considerado como una relación consensual dado la concurrencia de voluntades de los contratantes, ¡gran agudeza latina en su definición!

Así que ya sabes que cualquier persona de tu confianza te puede representar en un acto jurídico.

Matrimonio

Si la palabra patrimonio tiene una carga machista por la impronta del padre en su origen etimológico, la palabra **matrimonio**, a su vez, soporta una carga feminista.

El **matrimonio** (del latín ***matrimonium***: oficio de madre) ha derivado como institución jurídica con el paso del tiempo desde posiciones reaccionarias y dogmáticas hasta la plena igualdad entre los consortes.

Los textos romanos Digesto e Instituta, compilaciones del Cuerpo de Derecho Civil justinianeo, conocido nuestro, definían el **matrimonio** como "la unión del hombre y la mujer, consorcio de toda la vida, comunidad de derecho divino y humano", el primero, y el segundo como "unión del hombre y la mujer que implica comunidad absoluta de existencia".

El apóstol Pablo en el Capítulo 7, versículo 10, en la Primera Epístola a los Corintios, dice "... pero a los que están unidos en **matrimonio**, mando, no yo, sino el Señor": "Que la mujer no se separe del marido".

La Partida IV, en su Ley I, título II, describe al **matrimonio** como "sociedad legítima del hombre y de la mujer que se unen con vínculo indisoluble, para perpetuar su especie, ayudarse a llevar el peso de la vida y participar de una misma suerte".

De las anteriores definiciones podemos arribar a las siguientes conclusiones:

Primera: el carácter divino del **matrimonio**.Segunda: la indisolubilidad del vínculo **matrimonial**.Tercera: la supeditación de la mujer al marido (de aquí quizá el porqué del nombre **matrimonio**).El Código de Familia cubano deshace los anteriores paradigmas conceptuales y clama, en su artículo 2, que "el **matrimonio** es la unión voluntariamente concertada de un hombre y una mujer con aptitud legal para ello, a fin de hacer vida en común". Definición lacónica, precisa y llana.

De ella también podemos extraer conclusiones:

Primera: el **matrimonio** en Cuba no tiene carácter divino. Segunda: la disolubilidad del vínculo **matrimonial**. Tercera: la igualdad entre los cónyuges.

Termino con esta simpática frase que leí en una oportunidad: "El **matrimonio** es tratar de solucionar entre dos los problemas que nunca hubieran surgido al estar solos".

Ahora una pincelada histórica.

El **matrimonio** denominado "de la mano izquierda" o morganático (literalmente significa "dote de la mañana" en latín) es el que contrae un príncipe o princesa con un consorte de inferior linaje y cada cónyuge conserva su condición social anterior, real o plebeya.

La Habana : Editorial Universitaria, 2013. -- ISBN 978-959-16-2178-8

Se le llama así porque en la ceremonia del casamiento el esposo ofrece su mano izquierda a la esposa.

Dos famosos casos de **matrimonio** morganático fueron los celebrados por el Archiduque Francisco Fernando de Austria (1863-1914) y el Rey Eduardo VIII (1894-1972) de Inglaterra, quienes se casaron con mujeres de abolengo social inferior a los suyos.

El asesinato del primero de ellos en Sarajevo fue la chispa que detonó la Primera Guerra Mundial. El segundo abdicó a favor de su hermano tartamudo Jorge VI, en 1937, para contraer nupcias con una norteamericana divorciada.

¡Nada, que más puede Afrodita y su mensajero Cupido en cuestiones de amor que la condición social de los amantes!

Menor

En otra oportunidad disertamos sobre la capacidad de las personas y pudimos apreciar que la misma puede ser plena o restringida. Dentro de los factores que pueden restringir la capacidad de la persona natural se encuentra la edad.

También afirmamos que se arriba a la mayoría de edad en nuestro país cuando cumplimos 18 años de edad. Ello significa que si un cubano no tiene esta edad, entonces la condición restringida en su capacidad de obrar o actuar le confiere la condición de **menor** de edad.

Los artículos 29,30 y 31 del Código Civil cubano, al abordar el tema del ejercicio de la capacidad jurídica civil, hace referencia a la edad con la cual los cubanos alcanzamos

La Habana : Editorial Universitaria, 2013. -- ISBN 978-959-16-2178-8

la mayoría de edad o las restricciones que experimentan aquellos que todavía no la tienen. De igual forma, en estos preceptos se emplea con frecuencia el término **menor** y, concomitantemente, las restricciones o la ausencia de capacidad en los mismos para realizar actos jurídicos.

Puedes consultar dichos artículos para ganar en claridad, no obstante, podemos resumir lo que en ellos se consigna: primero, la mayoría de edad se adquiere al arribar a los 18 años el cubano; los **menores** de esta edad pero que ya tienen cumplidos los diez años, gozan de cierta capacidad para realizar actos jurídicos, y carecen de capacidad para realizar actos jurídicos los **menores** de diez años.

El Código de Familia cubano brinda protección a los **menores** de edad mediante sus instituciones jurídicas de la adopción y la tutela. ¡Consúltalo!

Ahora quisiera detenerme en el numeral 2 del artículo 29 del Código Civil, donde se lee que "la ley, no obstante, puede establecer otras edades para realizar determinados actos". Te ofrezco a continuación un abanico de edades a cuyo amparo se pueden realizar ciertos actos, tal como se expresó más arriba.

La legislación laboral vigente, vale decir, el Código de Trabajo y el Reglamento General sobre Relaciones Laborales, dispone que la capacidad para concertar contratos de trabajo comienza a los 17 años de edad, pero a pesar de esto, con carácter excepcional, los de 15 y 16 años de edad, pueden tener relaciones laborales si su situación personal se adecua a lo reseñado en el artículo 14 del Reglamento General sobre Relaciones Laborales.

La responsabilidad penal, de acuerdo con el Código Penal, comienza a los 16 años de edad y así mismo, las obligaciones militares para los varones cubanos se inician a la propia edad.

También originaria del latín ***minor,*** la voz **menor**, la que con acierto se destina a los pequeños o chicos, encierra un concepto de gran trascendencia para el Derecho, como acabamos de ver. Todos fuimos **menores** en un período de nuestras vidas, entonces tuteladas por normas jurídicas, y el día en que cumplimos la edad señalada, también bajo dicho amparo, nos convertimos en mayores de edad, con todas sus facultades, prerrogativas, derechos, deberes y obligaciones.

Lee esta frase que no sé quién la pronunció: “La vida no se mide por años sino por hechos; hay quien tiene muchos años y no ha vivido”.

Mueble

En otro apartado de esta obrilla abordamos el término inmueble; si a la propia palabra le privamos de su prefijo negativo “in”, se transforma en **mueble**, voz que ahora nos ocupa.

Nuestras casas cuentan con sillones, mesas, sillas, camas y otros útiles del hogar para cocinar, distraernos y un sinfín más de actividades. Todos ellos son bienes **muebles** (del latín ***mobilis***) porque se mueven si se emplea una fuerza sobre ellos.

La Habana : Editorial Universitaria, 2013. -- ISBN 978-959-16-2178-8

Ahora bien, una cosa **mueble** se puede convertir en algo inmueble. Te ilustro con varios ejemplos: los ladrillos, antes de conformar una pared, son cosas **muebles** pero adheridos unos con otros gracias al cemento, se convierten en una pared que resulta inmueble; una estatua fundida en bronce, luego de ser colocada sobre su pedestal, de cosa **mueble** se torna en inmueble y así muchos ejemplos más.

Los animales no son cosas **muebles**: la genialidad de los romanos para los asuntos jurídicos los bautizó con el nombre de bienes semovientes. Esta palabra quiere decir "que se mueve por sí mismo" porque efectivamente, las reses y los caballos se desplazan con sus extremidades, aunque algunos equinos deben ser estimulados para que caminen.

La Habana : Editorial Universitaria, 2013. -- ISBN 978-959-16-2178-8

N

Nacedero

Nuestro Código Civil recoge entre sus preceptos una institución jurídica elaborada por el derecho romano, como tantas otras. Se encuentra en el artículo 25 que reproduzco: "El concebido se tiene por nacido para todos los efectos que le sean favorables a condición de que nazca vivo".

Los romanos denominaron a ese concebido "***nasciturus***" o **nacedero** en castellano.

Este nasciturus aunque aún no es persona sino un feto, es protegido por el derecho. Verás cómo.

Imagina una madre gestante que en dicho estado su esposo fallece. Los bienes de este, tras su muerte, serán adjudicados a la viuda y al resto de sus hijos. Es entonces que el principio legal del artículo 25 del Código Civil entra en acción: a la hora de repartir las porciones hereditarias se tendrá en cuenta al concebido pero todavía no nacido. ¿Qué te parece?

¡Sabia institución romana injertada en nuestra ley para beneplácito de los **nacederos** cubanos!

La Habana : Editorial Universitaria, 2013. -- ISBN 978-959-16-2178-8

Norma

No se trata de un nombre femenino, no, sino de una "escuadra de carpintero", instrumento con el que los romanos identificaban en latín a esta palabra. Quizá de ahí su concepción de medida dislocada en las **normas** jurídicas.

Así pues, tal denominación se refiere a una **norma** social de obligatorio cumplimiento: la **norma** jurídica.

El derecho se realiza a través de **normas** jurídicas, expresión de la clase social económicamente dominante, en el poder político.

La **norma** jurídica, además de obligatoria, se caracteriza por ser coercitiva o lo que es lo mismo, su inobservancia es sancionada de diversas maneras (multas, decomisos, confiscación de bienes, privación de libertad, etc.) mediante las autoridades administrativas, policiales y judiciales.

Cual eje de nuestro sistema normativo se yergue la Constitución de la República, a partir de la cual se trenza la madeja jurídica de las restantes **normas** promulgadas por otros tantos órganos del Estado y del Gobierno cubanos.

Compete a la Asamblea Nacional del Poder Popular dictar las leyes del país; al Consejo de Estado los decretos-leyes; al Consejo de Ministros los decretos y a los ministerios de la administración central del Estado cubano la promulgación de resoluciones, instrucciones y cartas circulares.

Toda esta profusa y heterogénea cantidad de **normas** jurídicas conforma el sustrato legal del sistema económico y social de nuestro país y deviene en fuente de derecho.

La Habana : Editorial Universitaria, 2013. -- ISBN 978-959-16-2178-8

Concluyo con el pensamiento martiano presente en el Preámbulo de la Constitución de la República de Cuba: "Yo quiero que la ley primera de nuestra República sea el culto de los cubanos a la dignidad plena del hombre".

Notario

Un jurista puede habilitarse como **notario**. ¿Qué es un **notario**?

El notario (del latín **notarius** o empleado que toma notas), como profesional del derecho, tiene varias acepciones de acuerdo con el lugar de referencia, no obstante todas coinciden en que su labor se realiza al margen de disputas.

En otros países se le conoce como "juez de paz" dado que sus intervenciones sólo ocurren cuando reina la armonía entre los comparecientes ante su autoridad, como ya vimos.

Nuestros **notarios,** bajo el mismo principio, comúnmente se enfrascan en el otorgamiento de testamentos, el casamientos de parejas, el divorcio de cónyuges (que, puestos de acuerdo en todo lo que implica la extinción de la vida matrimonial, a él concurren sin mostrar, al menos, las disensiones que les separan), las permutas de viviendas, la adjudicación de bienes hereditarios y muchas otras cosas trascendentes en el Derecho.

El artículo 1 de la Ley de las Notarías Estatales (1984) esclarece que el **notario** cubano "es el funcionario público facultado para dar fe de los actos jurídicos extrajudiciales en los que por razón de su cargo interviene, de conformidad con lo establecido en la ley".

De lo anterior podemos sacar las siguientes conclusiones:

el **notario** es funcionario público, no realiza un ejercicio privado de sus facultades en nuestro país;está destinado a dar fe (es decir, actúa como un fedante) en los actos jurídicos extrajudiciales (significa que no actúa en juicios o litigios: recuerda que es un juez de paz), y,su intervención es de estricto apego a la ley.¿Te gustaría ser **notario**?

A propósito, el sustantivo **notario** es masculino, de lo que se infiere que el **notario** puede ser hombre o mujer pero siempre sería "el **notario**".

Nulidad

La **nulidad** (del latín ***nullius***, nada, ninguno) es sinónimo de invalidez, de inexistencia; en derecho equivale a un acto sin valor jurídico alguno, sin fuerza para obligar ni para surtir efectos legales. Su debilidad estriba en ir contra la ley o por ausencia de los requisitos exigidos para su eficacia.

De acuerdo con nuestro Código Civil, en su artículo 67 (puedes consultarlo) son **nulos** los actos jurídicos realizados en contra de los intereses de la sociedad o el Estado, en contra de una prohibición legal o con el empleo de violencia física, entre otras causales de **nulidad** ahí descritas.

El acto **nulo** puede ser atacado, jurídicamente hablando, en cualquier momento.

La Habana : Editorial Universitaria, 2013. -- ISBN 978-959-16-2178-8

El caso que narro a seguidas te ilustrará: imagina que se formalice un matrimonio entre hermanos, que como ya sabes, el Código de Familia prohíbe. En esta situación se considerará **nulo**, inexistente por formalizarse en contra de una prohibición legal.

El propio cuerpo legal establece (me refiero al Código Civil en el artículo 69) que son anulables los actos jurídicos en los que la manifestación de la voluntad está viciada por error, fraude o amenaza.

Más adelante, a diferencia de los actos **nulos**, en el artículo 74, dispone que el acto anulable surta todos sus efectos mientras no sea **anulado** por iniciativa de la parte interesada.

Te narro otra situación: imagina que un joven se ve obligado a casarse con su novia, so pena de recibir una golpiza del suegro si no lo hace (esto es una amenaza), pero le va tan bien en su matrimonio que desiste de invocar esta causal: ¡Perfecto, el matrimonio sobrevive!

Ahora una frase latina sobre la voz en juego: ***Testis unus, testis nullus***.

(Quiere decir: un testigo, testigo **nulo**)

La Habana : Editorial Universitaria, 2013. -- ISBN 978-959-16-2178-8

Obligación

La llamada "cultura occidental" le debe mucho a griegos y romanos: de los primeros obtuvo impresionantes esculturas, de los segundos, doctrina jurídica.

El escultor Fidias (siglo V a.n.e.) esculpió en roca "El discóbolo", atlética figura; Roma nos legó la **obligación** jurídica.

Procedente del vocablo latino ***obligatio*** (***ob***: alrededor; **ligare**: atar o ligar), las **obligaciones** responden a su nombre: ata a los sujetos que formalizan una relación contractual.

Tomemos por caso un sencillo contrato de compraventa. Los sujetos que en él intervienen, vendedor y comprador, enfrentan **obligaciones** recíprocas. Ejemplos: el vendedor tiene que entregar el bien vendido en buen estado y garantizar al comprador su posesión legal; por su parte, el comprador tiene que pagar el precio convenido y recibir el objeto de la venta.

Obvio resulta que este manido contrato que tantas veces se formaliza a lo largo del mes, origina, además de derechos, **obligaciones** para las partes.

Nuestro conocido Código justinianeo en su libro IV, título XII, Ley 3 postula que "es evidente que nadie se **obliga** por contrato de otro".

Cuando una **obligación** se incumple, el afectado tiene el derecho de reclamar.

Las **obligaciones**, para ser cumplidas, pueden exigir garantías. Si te interesa conocer qué garantías prevé la ley para estos asuntos, puedes consultar los artículos 266 al 288 del Código Civil. Solo te menciono una de dominio popular: la fianza.

También puedes echarle un vistazo a las causas de extinción de las **obligaciones** a partir del artículo 296 al 306 del propio Código Civil.

Ahora te presento la causa por excelencia de extinción de las **obligaciones**: su cumplimiento. ¡Sí! Así de sencillo, cumplir con lo que se debe.

Hace muchos años existía un estribillo en una vieja y popular canción que decía:

¡Toma chocolate y paga lo que debes!

Oficio

El sistema nacional de educación cubano tiene una amplia red de escuelas llamadas "de **oficio**". En ellas sus alumnos adquieren conocimientos y desarrollan habilidades en diferentes especialidades, tales como albañilería, carpintería, electricidad, etc.

El **oficio** (del latín ***opus***: trabajo y ***facere***: hacer) también trasciende sus márgenes manuales y se desborda en el derecho.

Un acusado de escasos recursos económicos o de no haberlo designado en el término de ley o la enfermedad repentina del defensor, puede recibir "de **oficio**" el auxilio de un abogado y un tribunal también puede, "de **oficio**", practicar una prueba judicial no solicitada por las partes.

Tales actuaciones responden a la aplicación y diligencia en su quehacer de las autoridades con el propósito de que el acusado tenga derecho a la defensa, como ordena la Constitución de la República en su artículo 59, aún sin recursos monetarios para cubrir ese gasto, y el órgano jurisdiccional, antes de dictar sentencia, y para llegar al cabal conocimiento de la verdad en el asunto sometido a su competencia, promueve las diligencias de pruebas que considere indispensables (de acuerdo con el artículo 248 de la Ley de Procedimiento Civil, Administrativo, Laboral y Económico), todo ello en pos de las garantías ciudadanas, que de **oficio** son observadas.

Ológrafía

"Toda la escritura" significa la palabra de origen griego "**ológrafía**". Casi es sinónimo de autografía (o escrito por sí mismo): de aquí el autógrafo que nos firma una personalidad cimera, como un deportista destacado o una actriz.

La Habana : Editorial Universitaria, 2013. -- ISBN 978-959-16-2178-8

El Código Civil cubano utiliza la expresión **ológrafo** en sus artículos 483 y 485 en relación con el testamento escrito de "puño y letra" de su autor.

Entonces el testamento **ológrafo** es el escrito y firmado por el propio testador y no necesita de la intervención notarial para su eficacia jurídica.

No obstante, yo te recomiendo el testamento notarial si decides disponer de tus bienes.

Oneroso

Se califica de **oneroso** (latín ***onerosus***: carga, peso) alacto jurídico que implica un desembolso monetario, al menos para una de las partes, y una contraprestación para la otra.

Si no hay tal entrega, entonces se califica de gratuito.

El contrato de compraventa es un ejemplo idóneo para comprender el carácter de **oneroso** que conlleva, aunque no es el único.

Parlamento

Los británicos se enorgullecen, según afirman, por ser los creadores del **parlamento** como órgano consultivo y legislativo.

Las discrepancias surgidas entre el rey inglés Enrique III (1216-1272) y los señores feudales que promovieron protestas y levantamientos armados, fueron zanjadas con la creación del **parlamento** en el año 1264.

A partir de entonces, a imagen y semejanza del **parlamento** inglés, surgieron otras cámaras que adoptaron diferentes nombres: asambleas nacionales, congresos, dietas, dumas, cortes, etc.

Lo cierto es que todos ellos presentan como denominador común servir de asiento al órgano legislativo de cada uno de los países.

Nuestro **parlamento** es la Asamblea Nacional del Poder Popular y si consultas el artículo 75 de la Constitución cubana podrás apreciar de cuáles atribuciones está investido.

La voz **parlamento** procede del infinitivo parlar (hablar), dado que los parlamentarios se expresan a viva voz en sus sesiones legislativas (aunque a veces en vez de utilizar el

La Habana : Editorial Universitaria, 2013. -- ISBN 978-959-16-2178-8

músculo gloso o lengua, han empleado los puños y se lían a golpes, según se ha podido observar en nuestra televisión al ofrecer imágenes extranjeras).

Nuestro **parlamento** se reúne regularmente dos veces al año.

Patria potestad

El padre de familia romano gozaba de plenos poderes en el seno doméstico. Tenía, como los capitanes generales de la Cuba colonial, facultades omnímodas en relación con sus hijos. Lo que afirmo se plasma en la Tabla IV, una de las integrantes de la Ley de las XII Tablas (451-450 a.n.e.), numerales 1 y 2, donde puede leerse "el padre mate inmediatamente al hijo que naciere muy deformado" y "en los hijos legítimos tenga el padre derecho de vida y muerte y facultad para venderlos", respectivamente.

Por supuesto, con el andar del tiempo estos extremos crueles fueron superados pero, hasta nuestros días, los hijos menores de edad se hallan bajo la **patria potestad** de sus padres.

Se define la **patria potestad** (del latín ***pater potestas*** o potestad del padre) como los deberes y obligaciones que tienen los padres sobre los hijos menores o no emancipados y sobre los bienes de estos, en razón de su cuidado y educación.

La Habana : Editorial Universitaria, 2013. -- ISBN 978-959-16-2178-8

Si lees el artículo 85 del Código de Familia comprobarás cuántos son los derechos y deberes de los padres en relación con la **patria potestad** de aquellos para con los hijos.

Te reproduzco la Ley I, título XVII de la IV Partida del rey Alfonso X, al calificar la **patria potestad** como la "autoridad que dan las leyes al padre sobre la persona y los bienes de sus hijos legítimos".

Pondera esa cláusula en dos tópicos: la **patria potestad** solo corresponde al padre y se ejerce sobre hijos legítimos. Nuestro Código de Familia huye de tal esquema.

Un apunte histórico: los elementos desafectos al proceso revolucionarios cubano de 1959 promovieron en los años 60 el rumor de que los niños bajo **patria potestad** serían arrancados de sus padres y enviados a la entonces Unión Soviética. Tal "bola" condujo a que miles de niños y niñas fueron embarcados hacia los Estados Unidos de América, en la conocida "Operación Peter Pan".

La así denominada Operación comenzó entre los días del 26 al 31 de diciembre del año 1960, cuando en esas fechas abandonaron el país los primeros 25 niños y se prolongaría por cerca de 22 meses. En dicho lapso fueron arrancados de sus hogares más de 14 mil niños.

El desarraigo familiar provocado distanció por muchos años, y a veces por siempre, a padres e hijos con su secuela de dolor.

Patrimonio

La villa de Trinidad, fundada en 1514, fue declarada **Patrimonio** Cultural de la Humanidad por la UNESCO (sigla en inglés que significa Organización de las Naciones Unidas para la Educación, la Ciencia y la Cultura) en 1988, para honra de nuestro país.

¿Por qué le fue conferida tal distinción? Sencillamente por su valor arquitectónico surgido del conjunto de bienes inmuebles urbanos (viviendas, plazas y calles) que a pesar de su vetustez conservan su lozanía colonial como testimonio indeleble de nuestra historia.

La voz **patrimonio** (del latín ***pater*** y ***monium:*** oficio de padre) identifica el conjunto de cosas o bienes, tanto corporales como incorporales que están sometidos al dominio legal de una persona.

El **patrimonio** no es función de una persona sino de su resultado y por ello incluye a derechos que tienen un valor pecuniario (o dinerario).

El **patrimonio** es relevante en el mundo del derecho, tanto que el Código Civil regula las relaciones **patrimoniales** y otras no **patrimoniales** vinculadas a él. El propio Código postula que las personas jurídicas, además de tener capacidad para ser sujetos de derechos y obligaciones, deben poseer un **patrimonio** propio, es decir, deben tener bienes (artículo 39).

El propio cuerpo legal enfatiza en su artículo 100 que cuando se trasmite valores de un **patrimonio** a otro, sin causa legítima, se produce la figura del enriquecimiento indebido (no confundirla con el delito denominado enriquecimiento ilícito).

La Habana : Editorial Universitaria, 2013. -- ISBN 978-959-16-2178-8

A su vez, el artículo 466 de la propia ley nos informa que el derecho de sucesión (o de herencia) comprende el conjunto de normas que regulan la transmisión del **patrimonio** del causante después de su muerte (aunque otros sostienen que este es intransmisible).

Los ejemplos expuestos resaltan la trascendencia jurídica del **patrimonio**.

El término **patrimonio** fue acuñado por los romanos, con sentido masculino, machista, dado la marginalidad de la mujer en la sociedad esclavista. Para ella reservaron el de matrimonio con su carga de inferioridad en relación con el hombre.

Pecuniaria

Cualquier empresa pecuaria de nuestro país tiene, dentro de su objeto social, la cría, la reproducción y la explotación de ganado vacuno o equino o cualquier otro.

El adjetivo "pecuaria" quiere decir "ganado" (del latín antiguo ***pecus***), razón suficiente para calificar este tipo de actividad empresarial.

Ahora bien, aquí no para el asunto.

Sucede que con el tiempo la voz latina ***pecus*** derivó hacia ***pecuniarius*** (dinero), dado que antes de existir las monedas dinerarias, el elemento empleado para comprar mercancías fue el ganado, ejemplares de este, a manera de trueque o como valor de cambio.

Esta es la evolución etimológica de ese elemento conocido y deseado por muchos, tanto que el español Francisco de Quevedo y Villegas (1590-1645), autor de la novela picaresca “El Buscón”, satirizó en su conocido poema “Poderoso caballero es Don Dinero”.

El dinero también circula en el seno jurídico de diversas maneras. Una de ellas es la siguiente.

La sanción **pecuniaria**, prevista en los artículos 268 y 269 del Código Civil, ofrece una garantía para el cumplimiento de las obligaciones contraídas.

El primero de dichos artículos dispone que el deudor de una obligación contrae una adicional de pagar al acreedor una suma de dinero en el caso de que incumpla su prestación.

En cierta medida, las multas administrativas (digamos por caso, las impuestas por violaciones en el ejercicio del trabajo por cuenta propia), laborales (descuentos de hasta el 25% del salario correspondiente a un mes como medida disciplinaria) y penales, todas ellas aplicadas por infracciones legales o la comisión de delitos, también son, en sentido literal, sanciones **pecuniarias** ya que los afectados por ellas pagarán determinadas sumas de dinero procedente de sus bolsillos.

Cierro el tema con esta frase del ensayista francés Joseph Joubert (1754-1824):

“El dinero es un estiércol estupendo como abono; lo malo es que muchos lo toman por la cosecha”.

Persona

Tú y yo somos **personas**, **personas** naturales por demás.

El origen de la voz **persona** es grecolatino: del latín ***per*** y ***sonare*** (sonar a través) y de raíz cultural griega. Te explico.

Los actores griegos y romanos de la antigüedad usaban mascarillas con el propósito de amplificar sus voces en el escenario y ocultar sus identidades tras ellas, en pos de una mejor caracterización del personaje interpretado (hoy son empleadas en el ancestral teatro kabuki japonés).

Así que nuestra condición legal de humanos o **personas** se deriva del arte dramático. ¿Qué te parece?

La trascendencia de la **persona** en el derecho es infinita: el derecho es de las personas y para las personas. Cuando la persona actúa en derecho, entonces adquiere la denominación de sujeto de derecho.

Ahora bien, en Atenas y Roma, no bastaba con ser un homo sapiens: las **personas** tenían que ser libres (para ellos, los esclavos no eran **personas** sino instrumentos parlantes).

Las **personas** pueden ser naturales (como tú y yo) o ficticias (como el Estado y las empresas) pero tienen en común que son sujetos de derechos y obligaciones, cuya capacidad es reconocida por el ordenamiento jurídico vigente.

Un atributo indispensable de la **persona** es su capacidad jurídica que no es más que la aptitud o idoneidad para ser sujeto de derechos, requerimiento concomitante con la capacidad de obrar o hacer, la que a su vez, le permite realizar actos jurídicos y ejercer sus derechos.

La Habana : Editorial Universitaria, 2013. -- ISBN 978-959-16-2178-8

Ambas se solapan como las tejas de un techo y conforman la personalidad jurídica de la **persona**.

Nuestro Código Civil al abordar el tema de la **persona** natural determina, con todo acierto, que la personalidad de esta comienza con el nacimiento y se extingue con la muerte. ¡No puede ser de otra manera!

Si te interesa el asunto, consulta los artículos del 24 al 38 de dicha norma y podrás valorar otras aristas de la persona **natural**.

De igual modo, en los artículos del 39 al 44 del propio Código Civil, se trazan las disposiciones sobre las **personas** jurídicas, también conocidas como colectivas o ficticias, dado que las mismas nacen del ingenio humano para servir a los intereses sociales.

Concluyo la palabra de marras con esta inquietud: ¿tiene personalidad jurídica un clon genético humano? La ciencia moderna abre nuevos horizontes en los cuales el derecho y su función normativa no pueden estar ausentes.

¡Averigua!

Posesión

En torno a la propiedad, romanos y alemanes, fieles exponentes de sociedades clasistas donde los medios de producción fueron y son privados, crearon diferentes nociones acerca de la propiedad.

La Habana : Editorial Universitaria, 2013. -- ISBN 978-959-16-2178-8

Los primeros no definieron el concepto de propiedad, en tanto los segundos formularon una teoría sobre la **posesión** de los bienes.

Un diccionario escolar describe la **posesión** (del latín ***possessio***) como el acto de poseer y a este infinitivo, como tener uno algo en su poder. Como se ve ambos apuntan hacia la propiedad sobre una cosa.

De tal suerte, la **posesión** puede ser definida (recuerda que los romanos afirmaron que cualquier definición en derecho es peligrosa) como el que tiene el poder real, físico o de hecho sobre un bien o una cosa, tutelado por el Derecho.

Por excelencia, el propietario que tiene la cosa o bien en su poder disfruta de la **posesión** jurídica.

El tantas veces invocado Digesto (ahora el Libro XLI, título II, Ley I) dice que "se denominó **posesión**, de sede, como si se dijera posición, porque naturalmente es tenida la cosa por el que está en ella".

Nuestro Código Civil en su artículo 196 refrenda los anteriores asertos al considerar **poseedor** a quien tiene el poder de hecho sobre un bien, fundado en causa legítima.

Culmino con este ejemplo: la bicicleta que adquiriste por compraventa en un establecimiento comercial y que te vales de ella para transportarte de un lugar a otro de tu ciudad, se halla bajo tu **posesión** real y jurídica.

No obstante, puede existir un **poseedor** de un bien y no ser su propietario, como es el caso del contrato de préstamo. A su vez, el propietario de dicho bien no lo posee.

La Habana : Editorial Universitaria, 2013. -- ISBN 978-959-16-2178-8

Prescribir

La palabra **prescribir** tiene dos acepciones para el derecho: una es ordenar, preceptuar, determinar (de aquí que los médicos prescriben medicamentos o tratamientos o ambas cosas); la otra es extinguirse una acción u obligación por el transcurso del tiempo prefijado por una norma jurídica.

La **prescripción** (latín ***praescriptio*** o antes de escribir), dice el Digesto en su Libro XLI, título III, Ley I, fue introducida por el bien público, para proteger a todos.

En línea con esto, el Código Civil cubano en sus artículos 114 a 120 señala los términos de **prescripción** de las acciones civiles. ¡Consúltalos para ganar en ilustración!

Cito un ejemplo: si compras en un establecimiento comercial un radio, dispones de seis meses de garantía sobre el mismo; decursado este término, no tienes acción para reclamar por su defecto o rotura. Eso es **prescripción.** Pero te remarco que **prescribe** la acción para instar al órgano jurisdiccional, no el derecho. En todo caso, este último puede caducar.

En la esfera penal también rige la **prescripción**. Los artículos 64 y 65 del Código Penal cubano establecen, respectivamente, los términos de **prescripción** de la acción penal y de las sanciones penales impuestas por los tribunales.

Existen además términos administrativos, laborales y procesales que corren con la fluidez que les brinda el tiempo.

Te sugiero que compares los términos de **prescripción** civil y penal y podrás colegir que los últimos tardan más en

La Habana : Editorial Universitaria, 2013. -- ISBN 978-959-16-2178-8

extinguirse dada la peligrosidad social de los delitos y la necesidad de su punición o castigo.

Prestaciones

Las **prestaciones** (latín ***praestationis***) son cosas o servicios o beneficios que establecen las leyes. Se pueden clasificar en **prestaciones** personales y en **prestaciones** sociales.

Las **prestaciones** personales incluyen servicios personales obligatorios, exigidos por una ley para la utilidad común (el cumplimiento del servicio militar es un ejemplo idóneo para comprenderlas).

Las **prestaciones** sociales son conocidas en nuestro Derecho de Seguridad Social como las **prestaciones** en servicios, en especie y monetarias que otorga a sus ciudadanos nuestro sistema social.

La vigente Ley de Seguridad Social (2008) en sus artículos 8, 9,10 y 11 regula las **prestaciones** que ella concede.

Tal norma esclarece que las **prestaciones** son los beneficios a que tiene derecho el trabajador y su familia a través del sistema de seguridad social, y las clasifica en **prestaciones** en servicios, **prestaciones** en especie y **prestaciones** monetarias.

Consigue esa Ley (Número 105), lee dichos artículos y determina qué **prestaciones** están presentes en la siguiente situación problémica:

"Trabajador ingresado en un hospital donde convalece de una operación de apendicetomía y durante dicho ingreso percibe un subsidio".

¿Cuáles son?

Pretensión

Cuando un ciudadano solicita del tribunal la satisfacción de un interés personal sobre el interés de otro, estamos en presencia de la **pretensión**.

De acuerdo con la ley procesal civil cubana, la demanda interpuesta ante el órgano jurisdiccional competente para conocer del asunto a él sometido, expresará la **pretensión** o **pretensiones** que concretamente se deduzcan.

De esta manera la **pretensión** (del latín ***praetendere***) deviene en declaración de voluntad cuya manifestación es un pedimento con el propósito de producir un efecto jurídico.

La **pretensión** es el ejercicio efectivo de la acción, la que a su vez, fue mera posibilidad materializada ahora en aquella.

El tribunal, cuando entre el fondo del asunto de que conoce, desestimará o no, en todo o en parte, la **pretensión** (o **pretensiones**) a él sometida.

Pongamos un ejemplo: un ciudadano interesa que otro le abone la suma de dinero que en su oportunidad le prestó a este; su demanda contendrá esta **pretensión** concreta a cuyo amparo solicita la devolución del dinero prestado.

En fin, la **pretensión** es ejercicio efectivo de las acciones las cuales, potencialmente, promueven un proceso judicial.

Preterición

Los herederos o sucesores en los bienes dejados al morir por su propietario son llamados a la adjudicación de los mismos. Si alguno de ellos es olvidado u omitido, se le conoce como heredero **preterido**.

La **preterición** (del latín ***praeterire***: ***prae***, antes; ***erire***, para, ir) es, entonces, la omisión de un heredero (o varios) en la declaratoria de herederos o de los especialmente protegidos (o forzosos como a veces se les conoce) en un testamento.

Supongamos que al fallecer el ciudadano A, su viuda inicia los trámites de la declaración de herederos a favor de su hijo, nacido de este matrimonio, y de ella misma pero omite en tal acto a otro hijo del causante o fallecido, habido en matrimonio anterior. Ese otro hijo fue **preterido** en el acta de declaración de herederos. Tal omisión debe ser reparada, so pena de iniciarse una reclamación sucesoria.

Por una razón u otra, consentida o deliberada, la **preterición** de herederos es figura recurrente en el derecho sucesorio.

Proceso

Nuestras leyes de trámites civiles, administrativos, laborales, económicos y penales utilizan los términos **procesos** y **procedimientos** para indicar la acción de hacer algo o de ir adelante en la función de impartir justicia, inherente a los tribunales cubanos.

La Ley Número 7 (1977) reserva la denominación de **procedimiento** para el civil propiamente, los especiales (de incapacidad, de administración de bienes de ausentes, de consignación y de informaciones para perpetua memoria), el administrativo, el laboral y el económico, en tanto que emplea el de **proceso** para los de conocimiento (ordinario, sumario, especiales (de divorcio, de amparo y de expropiación forzosa), el de rebeldía, de ejecución, el sucesorio, de testamentaría y de revisión, en sentido general.

Por su parte la Ley Número 5 (1977) utiliza con profusión el término de **procedimiento** para los de los tribunales municipales populares y los especiales (entre otros, para aplicar medidas de seguridad, contra acusados ausentes, de revisión, de habeas corpus, el sumarísimo y el abreviado, y solo, por una vez, el de **proceso** para, propiamente, el penal.

Cabe, entonces, formular esta pregunta: ¿Por qué tales normas denominan **procesos** y **procedimientos** a la sucesión de actos que discurren en nuestros tribunales en el ejercicio de impartir justicia?

Sencillamente porque en ellos se aprecian diferencias sutiles pero esenciales, tanto como en las voces continente y contenido o solvente y soluto.

El término **proceso** (del latín ***processus***, progreso o avance)) se refiere a los actos reglados de las partes (demandante y demandado), de los jueces y hasta de terceros que suelen intervenir (tales como peritos, el fiscal, etc.) en el **proceso** y cuyo propósito o finalidad es lograr una resolución judicial dirimente del conflicto o litigio.

El término **procedimiento** (del latín ***procedere***: ***pro***, adelante; ***cedere***, ir hacia) bautiza el orden a observar en los actos procesales en marcha para el ejercicio de la administración de justicia ante los tribunales.

Así pues, **proceso** y **procedimiento** se trenzan en los órganos jurisdiccionales pero cada uno apunta hacia una realidad procesal en la senda que conduce a la resolución judicial que culmina un pleito.

En fin, son dos caras de una misma moneda: la administración de justicia.

Promulgar

Una estación importante en el camino hacia la vida jurídica de las leyes es su **promulgación**.

Promulgar una ley hoy en día se funde con su publicación en el periódico oficial del Estado: en Cuba es su Gaceta Oficial, que ya comentamos antes.

No obstante, publicar una ley no siempre es sinónimo de **promulgarla**, de que cobre vida jurídica la norma, cuya obligatoriedad de observación comienza con esta última.

Este ejemplo histórico resulta aleccionador. El rey castellano-leonés Alfonso X, el Sabio, en sus intentos por unificar la legislación de su país y en denodada lucha contra los señores feudales, hizo publicar, no **promulgar**, en el año 1265 las famosas Siete Partidas o Libro de las Leyes. Todo parece indicar que la decisión del monarca respondió a su sentido práctico de evitar colisiones con los barones feudales y con el tiempo obligarlos a cumplirlas.

Esto ocurrido años después, en 1348, cuando su nieto Alfonso XI **promulgó** en Alcalá de Henares las Siete Partidas y con ellas, la sumisión de la nobleza a sus dictados.

Del hecho histórico narrado se infiere que **promulgar** (del latín ***promulgare***)una ley significa su existencia jurídica, su imperio sobre los ciudadanos y, casi siempre, se hace acompañar de su publicación en un órgano oficial del Estado.

Nuestra Gaceta Oficial publica normas legales del Estado cubano y con su aparición en ella, adquieren vida jurídica, es decir, son **promulgadas**, aunque su entrada en vigor puede coincidir con la fecha de publicación en dicho órgano o estar reservada para un futuro inmediato posterior.

Consulta un número cualquiera de la Gaceta Oficial y fíjate cuándo entran en vigor las normas jurídicas en ella contenidas.

Prueba

No, no se trata de un examen de culminación de estudios o de ingreso a una carrera universitaria. Con la voz **prueba** nos referimos a los medios judiciales de **prueba**.

Prueba es la demostración o justificación legal de los hechos alegados, dudosos y controvertidos que examina el tribunal.

Dos principios romanos precisan a quién incumbe la **prueba**.

El primero afirma que ***omnus probando incumbit actore***, es decir, la carga de la **prueba** recae sobre el actor o demandante.

El complemento de esta se halla en el segundo cuando sostiene ***incumbit probati ei qui dicit, non ei qui negat***, o vale decir, que corresponde la **prueba** al que afirma, no al que niega.

Nuestra Ley de Procedimiento Civil, Administrativo, Laboral y Económico regula en su artículo 261 los medios de **prueba** de que se podrá hacer uso en el proceso. Ellos son la confesión judicial, los documentos y libros, el dictamen de peritos, el reconocimiento judicial y reproducciones, los testigos y las presunciones.

Por su parte, la Ley de Procedimiento Penal, a diferencia de la anterior, no enumera ni clasifica los medios de **prueba** sino que permite al órgano jurisdiccional la elección de los medios de conocimientos más apropiados para descubrir la verdad.

La Habana : Editorial Universitaria, 2013. -- ISBN 978-959-16-2178-8

No obstante, el artículo 311 de dicha norma regla el orden para la práctica de las **pruebas** durante el juicio oral, de la siguiente manera: declaraciones de los acusados, documentales, examen de testigos, informe pericial e inspección en el lugar de los hechos.

Si contrastas los medios de **prueba** admitidos por cada ley, podrás encontrar semejanzas y diferencias entre ellos. ¡Inténtalo!

Para terminar, dos principios procesales lapidarios:

"A confesión de parte, relevo de pruebas". ***Testis unus, testis nullus*** (un testigo, testigo nulo).

Punible

La palabra **punible** (del latín ***punire***) es sinónimo de castigable o sancionable. Entonces, una violación, quebranto o infracción de una norma jurídica, se convierte en un hecho **punible,** castigable o sancionable. Sin embargo la acepción más corriente de **punible** se reserva para la perpetración de actos delictivos, los que de sustanciarse, se tornan en **punibles**.

Las sanciones penales contenidas en el Código Penal son expresiones de la acción punitiva del Estado contra el delito y sus autores.

De aquí ese refrán de que "el que la hace, la paga".

La Habana : Editorial Universitaria, 2013. -- ISBN 978-959-16-2178-8

Putativo

¡Ni imagines por un segundo que he consignado en esta obrilla una palabra obscena! ¡No! Se trata de un término de uso común en el campo del Derecho, particularmente en el de familia y en el penal.

La voz **putativa** o **putativo** (del latín ***putativus***, pensar) significa algo aceptado o supuesto pero que no lo es.

Así, consulta un diccionario cualquiera y leerás que **putativo** es reputado o tenido por padre, madre, hijo, etc., a alguien pero que no lo es.

Si relacionamos tal voz al calificar un delito de **putativo**, quiere decir, de acuerdo con lo explicado, que tal hecho delictivo no lo es.

El autor de un delito **putativo** yerra al considerar prohibido lo que es totalmente lícito o permisible, y el acto que realizó no integra los elementos de un delito y por ende, no es punible.

En otras palabras, el autor cree que conoce el efecto sancionable o punible de su actuar pero no lo es realmente.

El caso siguiente te aclarará qué es un delito **putativo**.

El artículo 219 del Código Penal cubano identifica como autores del delito de juegos prohibidos a las figuras del banquero, el colector y el apuntador o promotor de los mismos. Si un sujeto apuesta cierta suma de dinero en un juego prohibido intuye o sospecha que se involucra en algo ilícito pero desconoce que su participación como jugador no está penada criminalmente por la ley.

Si la actuación policial ocurriera en ese momento se sorprendería de no ser arrestado y conducido a la estación de la Policía Nacional Revolucionaria; en su lugar se le impondría una multa administrativa por la contravención del orden interior, dado su propósito de lucrar en un juego de azar prohibido.

El delito **putativo** es claro: su actuar como jugador no está contemplado en el Código Penal, aunque él lo creía, no deja de ser un acto reprochable pero sólo se le sanciona administrativamente con una multa.

¿Quedó claro?

Queja

El ciudadano cubano goza del derecho de **queja** ante las autoridades y a recibir la respuesta pertinente en plazo adecuado, según dispone el artículo 63 de la Constitución de la República.

Este es el caso de una **queja** administrativa pero también existe la **queja** en derecho procesal penal.

El artículo 53 de la Ley de Procedimiento Penal postula que procede el recurso de **queja** contra las resoluciones del instructor (el instructor es un agente de la policía encargado de la planificación, ejecución y valoración de las acciones de instrucción, diligencias investigativas y trámites necesarios para sustanciar un expediente iniciado por la perpetración de un delito) o del fiscal que puedan causar perjuicio irreparable.

El término **queja** deriva de las expresiones latina ***complangere*** y griega ***plessein*** con las acepciones de golpear, lamentar, las cuales se adecuan a la noción de recurrir a otro en busca de auxilio.

Querella

La voz **querella** tiene los mismos ancestros etimológicos que la ya vista queja y significa precisamente eso, una queja pero con otra connotación.

El Código Penal cubano, como sucede en casi todas las normas que combaten el delito, dispone en su artículo 321 que los delitos de calumnia e injuria (si deseas saber más de ellos, lee los artículos 319 y 320 del mismo Código), sólo son perseguibles en virtud de **querella** de la parte ofendida. En otras palabras, tales delitos no se denuncian en la policía o en la fiscalía sino que, bajo la dirección y firma de abogado, se presenta la **querella** por escrito en tribunal municipal popular correspondiente.

La Habana : Editorial Universitaria, 2013. -- ISBN 978-959-16-2178-8

La acción penal incoada por estos delitos sólo se ejerce por la parte ofendida (el llamado **querellante**) y se encamina a reparar el honor manchado por el **querellado** u ofensor.

La **querella** es un procedimiento penal especial en el que no interviene el fiscal. Aparece regulado en los artículos 420 a 434 de la Ley de Procedimiento Penal.

Es pues la **querella** cosa distinta de la denuncia y se reserva para los delitos contra el honor de calumnia e injuria.

Finalizo la palabrita en cuestión con dos frases llenas de reprochable ironía pero pronunciadas por dos hombres relevantes, un filósofo inglés y un novelista romántico italiano, respectivamente:

"¡ Calumniad con audacia: siempre quedará algo!" de Francis Bacon (1561-1626)."Las injurias tienen una gran ventaja sobre los razonamientos: las de ser admitidas sin pruebas por una multitud de lectores" de Alessandro Manzoni (1785-1873).

La Habana : Editorial Universitaria, 2013. -- ISBN 978-959-16-2178-8

R

Reconocimiento

Como sabemos, el prefijo "**re**" indica reiteración o repetición y "**conocimiento**" (del latín ***cognoscere***), a su vez, entendimiento, sentido de percepción; de lo que se infiere que el **reconocimiento** presupone la acción de **reconocer**. El término tiene amplios horizontes legales.

Jurídicamente hablando, lo mismo es esta palabra confesión o admisión de alguna obligación o hecho a favor de otro, como el examen, registro o averiguación que se hace de alguna cosa, tal cual es el **reconocimiento** judicial como medio de prueba.

El Capítulo I denominado "Del **reconocimiento** de los hijos", del Título II del Código de Familia (artículos 65 a 81), en conjunción con la Ley del Registro del Estado Civil (Ley Número 51 de 1985) y su Reglamento, la Resolución Número 157 de fecha 25 de diciembre de 1985, dictado por el Ministerio de Justicia, en los artículos 84,85 y 86 de este último, se aborda la institución del **reconocimiento** de los hijos cuya prolongación procesal se advierte en la Ley de procedimiento civil, administrativo, laboral y económico, como proceso ordinario acerca del **reconocimiento** filial.

Debes consultar los preceptos enunciados para ganar más en sabiduría del asunto.

En cuanto el **reconocimiento** judicial, que someramente fue tratado en otra oportunidad, aparece, efectivamente, como un medio de prueba, regulado en los artículos del 316 al 319 de la citada ley de trámites procesales.

Puede definirse el **reconocimiento** judicial cuando, de oficio o a instancia de parte, el tribunal examina por sí mismo cosas, lugares o personas con el propósito de esclarecer y apreciar objetivamente los hechos en disputa.

En fin, un padre o madre (aunque es más probable con el primero) puede **reconocer** como suyo a un hijo preterido o un tribunal constituirse en un lugar distante de su predio judicial para apreciar la dimensión real del hecho que juzga.

Recurso

Se llama **recurso** (del latín ***cursus***, corriente), en términos jurídico-procesales a la acción que concede la ley al interesado en un procedimiento administrativo (o civil, o penal o registral) para reclamar contra las resoluciones que se estiman atentatorias de sus derechos.

Los **recursos**, en sentido general, invocan la intervención de otra autoridad o instancia en pos de hallar en ellas una solución plausible al problema del **recurrente** (o persona que interpone el **recurso**).

En el ámbito civil son **recursos** la súplica (se interesa ante la propia instancia o autoridad que conoció del asunto desde su mismo inicio), la apelación y la casación (palabra de origen francés, ***cassation***, ***cassable***, equivalente a rompible, quebradizo, anulación o invalidez) nada tiene que ver con casa o morada.

Desde el punto de vista administrativo, son **recursos** el de alzada y el de apelación.

Recursos penales lo constituyen la queja, la súplica, la apelación y la casación.

Como podrás valorar, algunas de sus denominaciones se repiten a pesar de la diversidad de esferas legales en las que se encaminen dichos **recursos**.

Todos los **recursos** exigen la observación de ciertos requisitos para su interposición. Uno común a todos es su presentación o interposición dentro del término que concede su ley en particular.

Te señalo un ejemplo sencillo: si el tribunal municipal popular dicta una sentencia en materia civil, la apelación (es decir, el **recurso**) debe efectuarse dentro del término de cinco días hábiles, siguientes al de su notificación: si se interpone vencido dicho término, se dice que su presentación resultó extemporánea y carece de valor legal.

Entonces, la moraleja es clara: ¡No puede transcurrir el término concedido sin la interposición del **recurso** consecuente!

Registro

Cada ciudadano cuenta con (observa que sin proponérmelo, escribí cuatro palabras que se inician con la letra c) una hoja llamada folio (que eso es lo que precisamente significa en latín la segunda) en un grueso libro llamado tomo (división en griego) que contiene nuestras biografías porque en él se asientan acontecimientos relevantes de nuestras vidas tales como el nacimiento, el matrimonio, el divorcio y la muerte, entre otros.

Todos esos libros (que ahora se pasan a soportes digitales) se guardan en los **Registros** del Estado Civil de nuestro país.

Cualquier **registro** (del latín ***regestum***) no es más que una oficina donde se adoptan o escriben determinados actos o contratos que la ley que los regula quiere hacer constar de un modo solemne y permanente.

Los asientos **registrales** garantizan la publicidad del asunto anotado en sus libros y con ello se asegura la autenticidad del acto o asunto en cuestión.

Los **registros** son muy viejos en la historia de la humanidad. Los romanos (¡siempre los romanos!) organizaron **registros** para la inscripción de los nacimientos, sin embargo, no tuvieron **registros** semejantes para constancia de las muertes en la ciudad de las Siete Colinas.

La Ley Número 51 de 15 de julio de 1985 y su Reglamento, la Resolución 157 de 25 de diciembre del propio año, dictado por el Ministerio de Justicia, regulan todo lo concerniente al **Registro** del Estado Civil de los cubanos.

La Habana : Editorial Universitaria, 2013. -- ISBN 978-959-16-2178-8

Existen numerosos **registros**, de entre los cuales solo te menciono algunos: el de la propiedad inmueble, el de la propiedad intelectual, el comercial, el de vehículos automotores, el de la tierra, el agropecuario, etc.

Cuando solicitas tu certificación de nacimiento en el **Registro** Civil, este acredita mediante aquella tu existencia como persona natural, concebida y nacida, a todos los efectos legales que de esta condición se deriven.

Reglamento

Más arriba mencionaba que el Registro del Estado Civil cuenta con su **Reglamento**. ¿Qué es un **reglamento**? Sencillo: el **reglamento** es una disposición jurídica que desarrolla el contenido de una ley para facilitar su observación y ejecución.

Para comprender mejor, te digo que la ley se caracteriza por su generalidad, en tanto que el **reglamento** por sus detalles, por su casuismo.

Volvamos al ejemplo citado. La Ley del Registro del Estado Civil halla feliz complemento en su **Reglamento** para que el registrador, otros funcionarios que le acompañan en el registro, los técnicos y profesionales del Derecho y la población en general, puedan acceder y actuar en plena concordancia con sus preceptos, reglas y disposiciones en torno al estado civil de los cubanos.

Casi todas las leyes cuentan con sus **reglamentos**. Los ejemplos abundan: la Ley de Seguridad Social tiene su

La Habana : Editorial Universitaria, 2013. -- ISBN 978-959-16-2178-8

Reglamento en el Decreto Número 283; el Decreto-Ley 176 (Sistema de Justicia Laboral) se apoya en la Resolución Conjunta 1 de 1997 (se le denomina "conjunta" porque en su redacción intervinieron dos organismos, el Ministerio de Trabajo y Seguridad Social y el Tribunal Supremo Popular de la República de Cuba), su **reglamento**; la política de empleo delineada en el Código de Trabajo encuentra sus detalles en el **Reglamento** General sobre Relaciones Laborales (Resolución 8 de 2005 del MTSS), y así otros tantos.

Todos ellos propenden a la mejor comprensión y, por su supuesto, si se logra lo primero, a la óptima aplicación de lo dispuesto en cada uno de dichos cuerpos legales.

La palabra **reglamento** deriva de regla (del latín ***regula***) y pienso que no vale la pena explicar su significado, por lo evidente que resulta.

Reo

Se llama **reo** (del latín ***reus***: culpable penado) a la persona que ha delinquido y, por ende, es merecedora de castigo o pena.

También puede identificar al demandado en proceso civil pero no es usual entre nosotros y se reserva para el acusado de algún delito en juicio penal aunque los textos penales cubanos prefieren la palabra acusado.

La voz **reo** y su antecedente moral, el reato, provienen del derecho canónico o derecho de la iglesia medieval.

Se entiende por reato la obligación moral que tiene el **reo** de cumplir la pena o sanción, aun cuando esta le haya sido perdonada.

En términos generales, reato es lo que convierte en **reo** a una persona.

Una pincelada histórica. El derecho penal canónico desembocó en el procedimiento inquisitorial desarrollado por los tribunales de la Santa Inquisición en pleno medioevo y perduró hasta el triunfo de la Revolución Burguesa en Francia en el año 1789.

Tal filosofía penal canónica postuló que las penas que sufriría el **reo** debían caracterizarse por ser: vindicativa (o venganza divina y social), pública para ser ejemplarizante (o educativa para la época), medicinal (o curar males sociales) y aflictiva (causar molestias y sufrimiento físico al reo a través de la tortura).

¡Brutal tratamiento al **reo**!

Así quedó recogido en los anales de la historia aquel momento de oscurantismo medieval.

República

De genuina concepción política romana, el término **república** (latín ***res***, cosa; ***publicum***, pública) significa etimológicamente cosa pública, del pueblo.

Como forma de gobierno, la república esclavista romana cubrió un prolongado lapso en la historia de este Estado, desde el 510 a.n.e. hasta el año 44 a.n.e.

Si bien su nombre se identifica como cosa que pertenece al pueblo, en verdad el concepto pueblo sólo incluía, en aquel entonces, a la clase esclavista, con plena exclusión de las capas empobrecidas de la sociedad y por supuesto, de los esclavos.

La **república** romana o cualquier otra, es expresión objetiva del Estado como órgano de coacción y fuerza de la clase socialmente dominante que lo erige para la defensa de sus intereses clasistas.

La división clásica de las **repúblicas** lo fue en aristocráticas y democrático-burguesas.

El triunfo de la Revolución de Octubre en 1917 en la entonces Rusia zarista, alumbró para el mundo un nuevo tipo de **república**, la socialista, como la nuestra.

La lectura de los tres primeros artículos de la Constitución cubana describen las características **republicanas** de nuestro Estado.

De ellos entresaco tres de sus más valiosos rasgos distintivos de la **República** de Cuba: unitaria (no es una federación de Estados sino uno solo); su idioma oficial es el español y su soberanía reside en el pueblo.

Podrás apreciar otros si lees dichos artículos constitucionales.

La Habana : Editorial Universitaria, 2013. -- ISBN 978-959-16-2178-8

Resolución

La acción y efecto de resolver define a la **resolución**. Es totalmente aplicable tal definición a las **resoluciones** jurídicas.

En este ámbito se entiende por **resolución** (del latín ***resolutionis***) a la disposición administrativa, civil, o judicial que resuelve un asunto, contrato o pendencia jurisdiccional entre sujetos de derecho.

Pasemos a los ejemplos ilustradores.

Cualquier **resolución** administrativa, digamos por caso un reglamento disciplinario ramal o interno de un sector o centro de trabajo, respectivamente, formula los derechos y deberes de los sujetos de la relación laboral, vale decir administración y trabajadores, en cuanto a la disciplina laboral.

El artículo 306 del Código Civil contempla la **resolución** como una forma de extinción de las obligaciones derivadas de un contrato cuando una de las partes cumple con su cometido y la otra no, entonces aquella interesa la **resolución** de la obligación, es decir, la disolución del contrato con la debida indemnización de los daños y perjuicios infligidos.

Las controversias judiciales se dirimen, básicamente, con las sentencias, una de las **resoluciones** que dictan los tribunales para poner punto final al pleito. Las providencias (significa “para mejor ver”) y los autos judiciales (nada tienen que ver con los vehículos) también son **resoluciones** que resuelven asuntos de otra naturaleza en el proceso, pero **resoluciones**, al fin y al cabo.

Estimo que la popular frase de "resolver un problema" que tanto empleamos en nuestro quehacer cotidiano, está en sintonía con el valor semántico de la palabra **resolución** que acabamos de sopesar.

A propósito, un proverbio inglés: "Si tu mal tiene solución, ¿por qué te afliges?, y si tu mal no tiene solución, ¿por qué te afliges?

Nada, pura flema británica con humor negro.

Responsabilidad

Se escucha con frecuencia la frase de que un niño no es **responsable** de sus actos, y casi siempre tienen razón.

Mas, ¿qué es la **responsabilidad** jurídica?

El vocablo **responsabilidad** (procedencia latina ***responsum***, responder) entraña la obligación moral de satisfacer un daño, en otras palabras, el sujeto que daña a otro responde por su acto lesivo.

En sentido general, la **responsabilidad** es la capacidad de la persona (natural o jurídica) para conocer y aceptar las consecuencias que se deriven de un acto ejecutado por ella.

La **responsabilidad** legal en Cuba, a los fines de esta obra, podemos clasificarla en civil, penal y laboral.

Los artículos 82 al 98 de nuestro Código Civil abordan la **responsabilidad** que deben enfrentar las personas naturales y jurídicas por la comisión de actos ilícitos.

La Habana : Editorial Universitaria, 2013. -- ISBN 978-959-16-2178-8

La **responsabilidad** civil puede emanar de una relación contractual (un contrato) o extracontractual (fuera de un contrato).

Como apunte curioso, en relación con la frase que inició el tópico, los padres o tutores son **responsables** de los daños y perjuicios causados por los menores de edad o incapacitados que estén bajo su guarda y custodia, según el artículo 90 del citado cuerpo legal. ¡Léelo!

A su vez, el Código Penal en los artículos 16,70 y 71, precisa que la **responsabilidad** penal se exige tanto a personas naturales como a las jurídicas, y que para las primeras su inicio es a partir de los 16 años de edad cumplidos en el momento de cometer el acto punible.

Asimismo, enfatiza que el **responsable** penalmente lo es también civilmente por los daños y perjuicios causados por el delito.

El mundo del trabajo cuenta con sus propias instituciones laborales vinculadas a la **responsabilidad** jurídica (además de la civil y la penal que le resulte exigida).

El Decreto-Ley 249 de 2007, titulado "De la **responsabilidad** material", delinea en él los procedimientos que, en el desempeño de un cargo u ocupación, desencadenan la exigencia de **responsabilidad** a los trabajadores que provoquen daños a los recursos materiales, económicos y financieros de la entidad laboral, así como las medidas para su resarcimiento.

Pero esto no es todo.

El trabajador que viola la disciplina laboral en su centro, también es objeto de una medida disciplinaria como

La Habana : Editorial Universitaria, 2013. -- ISBN 978-959-16-2178-8

consecuencia de la **responsabilidad** laboral que dimana de su contrato de trabajo.

Amigo lector, como vivimos en sociedad debemos asumir seriamente las **responsabilidades** de todo tipo que nos circundan.

Concluyo con este principio general del Derecho, muy a propósito con el tema: "Cada cual debe sufrir la ley que él mismo se ha dado con sus actos".

Retracto

De latín ***retractus*** nos llega la palabra **retracto**, ambas con idéntica significación de "echarse atrás", acertada para su empleo en el ámbito jurídico.

El artículo 227 del Código Civil sostiene que el derecho de **retracto** faculta a una persona designada por la ley para adquirir del bien vendido y sustituir al comprador, reembolsándole los gastos en que este haya incurrido.

Es decir, gracias al **retracto** el comprador de una cosa es sustituido de ella por otra persona, con el amparo de la ley.

Imagina que entre un amigo y tú compran una reproductora de videos, de forma tal que cada uno puso la mitad del dinero necesario para su adquisición. Pasado un tiempo, tu amigo, sin consultarte como debe por ser ambos copropietarios del equipo, decide venderme su parte, y yo la compro.

Tú al conocer lo ocurrido, al abrigo del derecho de **retracto**, me sustituyes en la compra, me abonas el dinero que invertí y te conviertes en único propietario del equipo.

¡Ese es el **retracto**!

El derecho de **retracto** asegura la continuidad de la posesión del bien en manos de, al menos, uno de los adquirentes iniciales del mismo.

Retroactiva

Si en otro momento se consignó la imposibilidad de viajar en el tiempo, ahora las normas penales dan esa oportunidad única.

Efectivamente, el Derecho Penal puede viajar hacia el pasado aunque con un tono restrictivo, excepcional.

Al hablar de leyes significamos los efectos que producen una vez promulgadas.

Si ellas siempre fueran **retroactivas** generarían un eterno desorden. De aquí que, en principio, reitero, las normas jurídicas son irretroactivas.

No obstante ello, las leyes penales tienen efecto **retroactivo** en cuanto favorezcan al reo de un delito aunque al entrar en vigor aquellas, el sancionado estuviere cumpliendo la condena por sentencia firme.

Esta postura penal está refrendada en nuestro país en los artículos 61 de la Constitución y 3.2, 3 y 4 del Código Penal, los que reafirman que las leyes penales tienen efecto

La Habana : Editorial Universitaria, 2013. -- ISBN 978-959-16-2178-8

retroactivo cuando sean favorables al encausado o sancionado.

Antes de ser promulgado en 1993 el Decreto-Ley 140, la tenencia de divisas en Cuba era un delito por el cual algunos ciudadanos fueron sancionados. Si en ese momento algunos de ellos sufrían prisión, digamos por caso, a partir de su promulgación fueron excarcelados dado que tal figura, hasta entonces delictiva, dejaba de serlo con dicha norma.

¡He aquí un ejemplo contundente de la **retroactividad** ("acción hacia atrás") de la ley penal!

S

Salario

Testimonio de nuestro remoto pasado marino, la **sal** (cloruro de sodio) es esencial para la vida y el buen gusto culinario.

De ella procede nuestra palabra **salario** (***salarium*** en latín). Cuando las legiones romanas invadían territorios "bárbaros", según ellos, cada legionario recibía periódicamente un poco de **sal** para evitar la putrefacción de

La Habana : Editorial Universitaria, 2013. -- ISBN 978-959-16-2178-8

las carnes obtenidas mediante la caza de animales silvestres. Dado la periodicidad en su entrega, comenzó a identificarse el acto como **salario** y de allí hasta nuestros días, como remuneración del trabajo.

Nuestra Constitución (artículo 14, segundo párrafo) enfatiza que en Cuba rige el principio de distribución socialista "de cada cual según su capacidad, a cada cual según su trabajo". De él se infiere que, de acuerdo con el trabajo que se desempeñe, así será su **salario**.

El concepto **salario** deviene en jurídico por dos derechos que le asisten al trabajador: el derecho a recibirlo pues la obligación de retribución tiene por objeto el **salario** y el derecho a recibir una cantidad justa y proporcional con la labor realizada.

De acuerdo con el vigente Reglamento General sobre las formas y sistemas de pago, dictado por el Ministerio de Trabajo y Seguridad Social en el año 2008, las formas de pago constituyen uno de los elementos del sistema para remunerar (¡así, no renumerar!) el trabajo en función de su naturaleza, y son dos: pago por los resultados (de amplia aplicación en el sistema empresarial cubano) y pago a tiempo (se aplica fundamentalmente en las unidades presupuestadas).

La organización del **salario** está encaminada a llevar a cabo el pago por la calidad y cantidad de trabajo ejecutado, de forma tal que esté mejor retribuido el trabajo eficiente y de superior calidad.

Ahora, dos apuntes humorísticos sobre el **salario**:

La Habana : Editorial Universitaria, 2013. -- ISBN 978-959-16-2178-8

- El **salario** conserva la propiedad de la **sal** de disolverse en agua rápidamente; de ahí que dure tan poco.
- Se le compara con el ciclo menstrual de la mujer: viene una vez al mes y dura tres o cuatro días.

Sanción

Un amplio diapasón de acepciones jurídicas tiene la palabra **sanción** (del latín ***sanction***, hacer santo), a pesar de su ascendencia religiosa, tales como acto solemne por el que el jefe del Estado confirma una ley (esta es una figura usual en los países que tienen un régimen presidencialista de gobierno como en los Estados Unidos de América), castigo o pena que la ley establece para el que la infringe y autorización o aprobación que se da a cualquier acto, uso o costumbre (digamos por caso, la firma que estampa un funcionario en un documento para legitimar la compraventa de un bien).

Sólo nos interesa la segunda.

Entonces, si la **sanción** es una pena o castigo que se impone al trasgresor de la ley, abordaremos su impronta solo en dos campos jurídicos: el penal y el laboral por resultar los de más popularidad.

El Código Penal describe en su artículo 27 lo que denomina “fines de la **sanción**” los que resumidos son: la represión del delito, la de reeducación de los sancionados y la de prevención de tales conductas atentatorias contra la sociedad.

Te sugiero que establezcas un parangón entre estos fines y los que trazaba el derecho canónico inquisitorial, ya comentados, y apreciarás la honda diferencia entre unos y otros.

A continuación, los artículos del 28 al 46 del propio Código, distingue y caracteriza las **sanciones** penales en principales y accesorias.

Te ilustro con un ejemplo: imagina que el conductor de un vehículo resulta **sancionado** con privación de libertad por el atropello en la vía pública de un peatón. La **sanción** principal impuesta fue la de privación de libertad y, consecuentemente, con el delito perpetrado se le impone la **sanción** accesoria de suspensión de la licencia de conducción.

En el ámbito laboral, el Decreto-Ley 176 (sistema de justicia laboral cubano) en su artículo 14 afirma que las administraciones de las entidades laborales, teniendo en cuenta la naturaleza de la infracción cometida, las circunstancias concurrentes, la gravedad de los hechos, los perjuicios causados, la condiciones personales del infractor, su historia laboral y su conducta en ese momento, puede aplicar una de las medidas disciplinarias (**sanciones** laborales) de entre las contenidas en dicho precepto.

La medidas disciplinarias a imponer pueden o no afectar el estado laboral del trabajador de manera temporal o definitivamente: una amonestación pública ante el colectivo del trabajador, en el orden material no le afecta; lo hace temporalmente un traslado a otra plaza por el término de seis meses, digamos por caso, o se afecta de manera permanente si le imponen el traslado con pérdida de la plaza que ocupaba.

La Habana : Editorial Universitaria, 2013. -- ISBN 978-959-16-2178-8

Existen otras **sanciones** en el orden administrativo público y civil pero con lo dicho es suficiente.

Sentencia

Si bien la voz **sentencia** (del latín ***sententia***, sentido, sentimiento, opinión) es una frase que encierra una postura moral, la acepción que nos incumbe es la de resolución judicial.

Un poco atrás abordamos el término resolución y su connotación en el ámbito legal o jurídico, en cuyo espectro se hallan, además de la **sentencia**, las providencias y los autos judiciales.

Efectivamente, la **sentencia** es la resolución judicial (dictada por el tribunal) mediante la cual se responde la pretensión formulada en la demanda del actor y a su contestación, ofrecida por el demandado. Con ella, si se hace firme, concluye el pleito o litigio.

En la esfera penal, la **sentencia** es la que condena o absuelve.

Razón tenía Alfonso X, el Sabio, cuando en su Tercera Partida (Ley I, título XXIII) **sentenció** (empleo intencionalmente este pretérito del infinitivo **sentenciar** para mostrar que su frase encierra doctrina y moralidad jurídica en su contexto normativo, como la otra de sus acepciones semánticas descrita más arriba), que "**sentencia** es la decisión legítima del juez sobre la causa controvertida en su tribunal".

La Habana : Editorial Universitaria, 2013. -- ISBN 978-959-16-2178-8

En verdad, la **sentencia**, literalmente, encierra el sentimiento o la opinión de los jueces sobre el asunto puesto a su consideración racional y arbitral.

El cuerpo de una **sentencia** se divide en "resultandos" (párrafos que contienen la relación de los hechos acaecidos que conoce el tribunal), "considerandos" (los motivos legales o razones capitales que servirán de fundamento al fallo de la **sentencia**) y, propiamente, el "fallo" (ya visto) o su parte dispositiva.

Para concluir, invoco el conocido Digesto romano (libro V, título I, Ley 74), el que también **sentencia**: "El juez está obligado a pronunciar **sentencia** sobre aquello de que hubiere conocido".

Servicio público

Carlos Marx (1818-1883), el autor de "El Capital", llamó "esclavitud generalizada" a la sumisión del pueblo al poder despótico que le obligó a cultivar la tierra y producir alimentos para sí y para el soberano como representante del Estado recién alumbrado en la antigüedad.

Julio César, como edil (magistrado romano encargado de las obras públicas) en el año 65 a.n.e., organizó juegos populares con luchas de fieras y carreras de coches tirados por caballos, se ocupó de las construcción del Foro (tribunal) y del Capitolio (sede de gobierno) romanos y arregló la Vía Appia, calzada que unía a Roma con Nápoles.

La Habana : Editorial Universitaria, 2013. -- ISBN 978-959-16-2178-8

El cultivo de tierras para la alimentación del pueblo, los espectáculos públicos y las obras de construcción antes reseñadas, son expresiones del **servicio público**. El sistema educacional y de salud cubanos constituyen nuestros ejemplos de **servicio público**.

¿Qué es, entonces, el **servicio público**?

En el antiguo derecho feudal castellano-leonés se denominó **servicio** (del latín ***servitium***, esclavo) al impuesto que gravó (¡Sí, así mismo! No se trata de grabar un sonido.) la riqueza existente en dichos reinos. Con el tiempo, derivó hacia otras acepciones como leerás a seguidas.

El **servicio público** puede ser definido como el **servicio** técnico prestado al público de una manera regular y continua para satisfacer una necesidad pública y por una organización pública.

Otra definición más enjundiosa es la que se presenta ahora: "El **servicio público** no es más que toda actividad técnica destinada a satisfacer una necesidad de carácter general, cuyo cumplimiento uniforme y continuo debe ser permanentemente asegurado, regulado y ordenado por los gobernantes, con sujeción a un mutable régimen jurídico exorbitante de derecho privado, en beneficio indiscriminado de toda persona".

¡Tremenda definición!

Si contrastamos una y otra, a pesar de sus diferencias, acusan como igualdades en la definición del **servicio público** las de ser un **servicio** o actividad técnica para la satisfacción de una necesidad pública o general, brindada por una

La Habana : Editorial Universitaria, 2013. -- ISBN 978-959-16-2178-8

organización pública, asegurada, regulada y ordenada por los gobernantes.

¡Esta es nuestra definición, mucho más inteligible!

A la postre, **servicio público** es el esclavo del pueblo.

Nuestro derecho escrito vigente no ofrece definición alguna de **servicio público** en sus normas constitucionales, administrativas y civiles.

Soberanía

La palabra **soberanía** como expresión político-jurídica se identificó, primeramente, con los reyes o **soberanos**, quienes poseían como cosas suyas todas las instituciones gubernamentales (recuerda aquella frase mal atribuida al rey francés Luís XIV de que "el Estado soy yo".

Luego el concepto derivó hacia la voluntad popular y de este a la nación.

Hoy se estima que la **soberanía** radica en el pueblo que es quien elige a las autoridades de gobierno.

El Derecho socialista armoniza la **soberanía** con los fines jurídicos que el Estado debe cumplir.

El artículo 3 de la Constitución cubana refrenda que en la República de Cuba la **soberanía** reside en el pueblo, del cual dimana todo el poder del Estado.

Ciertamente, la **soberanía** (del latín ***superanus***, por arriba de nosotros) cubana se funde e identifica con su pueblo y es este el que se eleva y reconoce en el concierto de las naciones.

La **soberanía** del Estado es asiento de los principios del Derecho Internacional Público (rama del Derecho que estudia las relaciones entre los Estados y las organizaciones internacionales) de la igualdad **soberana** de los Estados y del respeto a la **soberanía** territorial, cuya observancia preserva la coexistencia pacífica de las naciones aunque tengan diferentes regímenes político-económicos.

La presencia en suelo oriental cubano de la Base Naval del gobierno de los Estados Unidos de América en Guantánamo, constituye una afrenta a nuestra **soberanía** territorial y su permanencia es violación cotidiana de dichos principios.

Subrogar

Cuando Patroclo viste la armadura y empuña las armas de Aquiles y arremete contra Héctor, y este le mata, se ha producido la **subrogación** de un héroe aqueo por otro.

Pero dejemos a los griegos con sus luchas fratricidas y veamos la nueva palabra.

En otro momento (ver **derogar**) analizamos la voz latina ***rogare*** (pedir) pero ahora aparece unida al prefijo "**sub**" (debajo en latín), de lo que se infiere que **subrogar** es sustituir o poner una persona o cosa en lugar de otra (esto fue lo que hizo imprudentemente Patroclo al sustituir "al de los pies ligeros").

La Habana : Editorial Universitaria, 2013. -- ISBN 978-959-16-2178-8

La **subrogación** es figura jurídica muy importante. En el derecho civil de retracto se advierte su presencia cuando una persona suplanta a otra en calidad de comprador.

En las relaciones jurídico-laborales, también la **subrogación** irrumpe en beneficio del trabajador si se produce la extinción de su entidad laboral y otra la sustituye; de lo contrario, si no existe **subrogación** de una por otra, se produciría la terminación del contrato de trabajo formalizado entre el trabajador y la administración de la entidad que se extingue. Lo dicho se plasma en el inciso e) del artículo 53 del Reglamento General sobre relaciones laborales (2005) del Ministerio de Trabajo y Seguridad Social.

Entonces, **subrogar** es pedir a otro que sustituya a alguien o a una cosa.

Subsidio

En sus guerras de conquistas las legiones romanas disponían de centurias que combatían y otras que aguardaban, sentadas, la orden de entrar en batalla. Los legionarios que descansaban a la espera del combate, se les llamaba ***subsedere***, palabra latina que significa auxilio o ayuda.

De aquí proviene el término que nos ocupa: el **subsidio**.

En materia de seguridad social, el **subsidio** (del latín ***sub***, cerca, debajo y ***sedere***, sentado) es una prestación monetaria que, al sustituir el salario del trabajador enfermo o accidentado, le auxilia monetariamente a enfrentar sus

La Habana : Editorial Universitaria, 2013. -- ISBN 978-959-16-2178-8

necesidades económicas en tanto enfrenta el riesgo de la invalidez temporal para el trabajo.

También se denomina **subsidio** a los gastos presupuestarios en que incurre el Estado cubano al abonar parte del déficit en los costos de producción de los alimentos (pongamos por caso, el de los huevos) con el propósito de disminuir los precios de venta al público de dichos productos.

De nuevo el **subsidio** auxilia a que los precios resulten racionales.

Sucesión

En un serial televisivo, de aventuras o de corte romántico, los hechos aventureros o donjuanescos, se relevan o **suceden** con el atractivo de que sea capaz de imprimirle su director. Porque **sucesión** es la acción de **suceder** una persona o cosa a otra, a veces de manera trepidante o lentamente.

El término **sucesión** (del latín ***successíon***, lo que sigue, lo que resulta) casi es monopolizado por el llamado derecho **sucesorio** a cuya virtud se regula la transmisión del patrimonio (conjunto de bienes y derechos) del causante (el fallecido) después de su muerte.

El Código Civil cubano denomina a su Libro Cuarto, desde el artículo 466 hasta el 547, Derecho de **Sucesiones** y en él establece todo lo concerniente a la herencia.

Mucho ha derivado en la historia el derecho **sucesorio**. En la antigüedad, los muertos se enterraban con sus objetos personales tales como armas, caballos y hasta con sus esposas (¡qué peligroso para las mujeres el estar casadas!). De aquí la expresión romana ***mobilis assibus personae inhaerente*** o "los muebles son inherentes a los huesos del muerto".

Más tarde se limita esta generosidad de ultratumba y solo acompaña al muerto, además de su cadáver (¡por supuesto!) en el enterramiento algunas ofrendas votivas (es el punto de arrancada de las coronas de flores fúnebres de hoy).

En nuestro presente, la **sucesión** hereditaria sigue dos líneas: la intestada (no se hizo testamento) y la testamentaria.

Luego de asunto tan lúgubre, copio la vibrante letra de la "Canción del pirata" del poeta romántico español José de Espronceda (1808-1842), llena de vida:

¡Sentenciado estoy a muerte!
Yo me río:
No me abandone la suerte,
Y al mismo que me condena
Colgaré de alguna entena,
Quizá en su propio navío.
Y si caigo,
¿Qué es la vida?
Por perdida
Ya la di,
Cuando el yugo
Del esclavo
Como un bravo
Sacudí.

Un poco de historia. Nuestra palabra también se emplea para designar la transmisión de los tronos reales, es decir, al fallecimiento del rey, le **sucede** su hijo el príncipe.

La Habana : Editorial Universitaria, 2013. -- ISBN 978-959-16-2178-8

Ahora bien, narra la historia que las mujeres fueron excluidas de la línea de **sucesión** de la corona en los reinos francos y alemanes, principio tomado de la legislación nacional de los salios, antiguo pueblo franco.

De aquí la frase: "El rey ha muerto". "! Viva el rey!".

Inglaterra y España no siguieron tal corriente sucesoria.

Suspensión

He aquí de nuevo el coqueteo divino de Temis con Cronos, del derecho con el tiempo.

La **suspensión** (del latín ***suspensio***; prefijo ***sus,*** arriba, en alto; ***pensio,*** pender, colgar), como su estructura etimológica denota, cuelga en alto el discurrir del tiempo y esto es sumamente trascendente para el derecho.

Valora las siguientes situaciones.

A un trabajador se le aplica como medida disciplinaria la de **suspensión** del vínculo laboral con la entidad por el término de 30 días naturales, prevista en el inciso h) del artículo 14 del Decreto-Ley 176 y ello le inhabilita asistir al trabajo por dicho término con el efecto subsiguiente de no percibir salario ni acumular tiempo de servicio. Vencido el término del correctivo, se reincorpora a laborar.

Durante esos 30 días, la relación laboral estuvo **suspensa** pero no terminada.

Otro caso. Supongamos que el ciudadano A debe demandar al ciudadano B ante el órgano jurisdiccional correspondiente para recuperar la posesión de ciertos bienes. De acuerdo con esto, el Código Civil, en su artículo 116, inciso a), le concede un término de un año para hacerlo, so pena de que prescriba la acción en tal sentido. Pero A sufre las consecuencias dolorosas de un súbito accidente de tránsito que le invalida temporalmente para su ejercicio.

Ya recuperado, decide acudir a la vía judicial pero aprecia que el año con que contaba para accionar había prescrito. En esta situación, consulta a un jurista el que le informa que al amparo del inciso a) del artículo 123.1 del propio cuerpo legal, si el titular de la acción estaba imposibilitado de ejercitarla (como él lo había estado a causa del accidente), el término de prescripción (en este asunto, el de un año) se **suspende**.

Gozoso con la información asiste al bufete colectivo para contratar los servicios de un abogado.

Lo narrado es la injerencia del derecho, de una norma jurídica, en el tiempo, su detención gracias a la figura de la **suspensión**.

Así que, en nueve palabras, **suspensión**: privar por algún tiempo el derecho a una acción.

La Habana : Editorial Universitaria, 2013. -- ISBN 978-959-16-2178-8

T

Tacha

En Camagüey, Ignacio Agramante y Loynaz es conocido con el epíteto de "Bayardo", sinónimo de hidalguía, ausencia de miedo y sin **tachas**, propios del caballero francés Pierre Terrail Bayard (1473-1524),

El término **tacha** significa falta, nota o defecto que hace imperfecta una cosa.

Los testigos judiciales pueden incurrir en **tacha**, vale decir, presentan motivos legales que propician su desestimación en la declaración que rindan ante el órgano jurisdiccional.

Nuestra ley de trámites procesales civiles (Ley 7 de 1977) regula la **tacha** de testigos en sus artículos del 341 al 347.

De acuerdo con esta norma, procederá la **tacha** de testigos si se aprecian estos motivos: si estos tienen interés directo en el pleito, si son ascendientes o descendientes involucrados en el pleito, los cónyuges en los pleitos de uno u otro, los suegros en los pleitos de los yernos o nueras y viceversa, los hermanos de cualquiera de los litigantes; si es amigo íntimo o enemigo manifiesto y si tiene relación de dependencia con alguna de las partes, y, finalmente, si ha sido sancionado por perjurio (delito de falsear declaraciones, al comparecer como testigo ante un tribunal o funcionario competente). Por supuesto, la **tacha** se integrará si alguno o varios de estos motivos no los hubiere manifestado el testigo en su declaración.

Así las cosas, la **tacha** no invalidará la declaración prestada por el testigo, pero el tribunal la tendrá en cuenta para valorar en su oportunidad su fuerza probatoria.

En fin, el ciudadano honesto es **intachable** tanto en la cotidianidad de su vida como si comparece ante un tribunal en calidad de testigo.

Tanteo

Las monedas siempre tienen dos caras. En el orden del derecho de propiedad, vimos una cara de esta moneda, el retracto; ahora veremos su otra cara, el **tanteo**.

El infinitivo **tantear** significa examinar o considerar una cosa con prudencia, medir o parangonar una cosa con otra (probablemente el mítico Tántalo, hijo de Zeus, no observó tales consideraciones y de ahí su castigo paterno de nunca alcanzar, a pesar de vanos intentos, los frutos que pendían sobre su cabeza, pero nos legó la palabra).

El Código Civil regula la institución del **tanteo** en los artículos 226 y 230 en Capítulo destinado a este y al retracto.

De acuerdo con el primero, el derecho de **tanteo** faculta a una persona designada por la ley a adquirir un bien por el precio convenido o el legal, según el caso, con preferencia a otro adquirente, cuando su propietario pretenda enajenarlo.

Para ganar en claridad sobre el **tanteo**, supongamos que uno de los dos copropietarios de un televisor decide enajenar (volver ajena) su participación; debe ofrecérsela entonces al otro copropietario. De quebrantar este precepto, el copropietario perjudicado puede subrogarse (sustituir) en lugar del comprador, ejerciendo así el derecho de retracto. Consulta el artículo 163 de nuestro Código Civil y ponderarás esta interesante situación, la cual halla plena correspondencia con lo que sigue.

Si por alguna razón, en cualquier caso, el derecho de **tanteo** fuese ignorado por el obligado a observarlo, se levantaría, entonces, el de retracto, como ya vimos. Tal es la letra y el espíritu del artículo 228 del Código Civil, el que textualmente reproduzco. “Si en la ley se dispone que una persona tiene derecho preferente a la adquisición, se presume que sus facultades incluyen tanto el derecho de **tanteo** como el de retracto”.

¡Nada que los derechos de **tanteo** y retracto son hermanos como las divinidades griegas de Cástor y Pólux, para protegerse mutuamente!

Tenencia

Se llama “cubierto” al juego de cuchara, **tenedor** y cuchillo del comensal. De entre ellos, el **tenedor** se identifica por sus púas o dientes para asir una cosa, para mantenerla.

Similar connotación tiene para el derecho el término **tenencia** (del latín ***tenere***) a cuyo tenor se designa la

La Habana : Editorial Universitaria, 2013. -- ISBN 978-959-16-2178-8

ocupación y posesión corporal de una cosa, sin llegar a ser del dueño o propietario.

El Digesto (Libro L, título XVII, Ley 208) sentencia que "no se puede considerar que dejó de tener el que nunca tuvo". De ello se infiere, obviamente, que para ser **tenedor** algo se debe tener, basamento donde descansa el criterio de que **tenencia** es la mera relación física de la persona sobre las cosas o bienes, con la obligación de cuidarlas.

En nuestros días, los usufructuarios de tierras estatales, ociosas hasta su entrega, cedidas para su explotación agropecuaria, tienen la condición de **tenedores** de tierras.

A ultranza de disquisiciones teóricas sobre los conceptos de posesión y **tenencia**, que no nos interesan, para diferenciarlos, sobre la base de las presunciones, podemos afirmar que el poseedor de un bien es su propietario, en tanto que el **tenedor**, no lo es.

Concluyo con esta interrogante: si utilizas una bicicleta, ¿eres su poseedor o su **tenedor**?

Respóndete a ti mismo con los fundamentos esbozados.

Territorio

Nuestro archipiélago tiene una extensión **territorial** de más de cien mil kilómetros cuadrados: pequeño si lo comparamos con el gigante sudamericano de Brasil pero más grande que el minúsculo El Salvador. A pesar de ello, los tres países cuentan con el asiento físico de sus Estados: el **territorio** (del latín ***terrae***, tierra).

El **territorio** nacional es el espacio donde el Estado ejerce su soberanía y el ordenamiento jurídico halla plena validez y eficacia. También, lugar donde yacen sus riquezas naturales.

En principio, las leyes de un Estado tienen aplicación **territorial** razón por la cual sus efectos no pueden ir más allá de sus fronteras.

El **territorio** puede clasificarse en terrestre, acuático y aéreo, y cada uno de ellos subdividirse en otros.

Desde el punto de vista político-administrativo los **territorios** estatales suelen dividirse en unidades **territoriales** más pequeñas tales como estados, condados, regiones, cantones, provincias, municipios, etc.

Nuestro país se divide en 15 provincias y en 168 municipios, incluyendo el especial de Isla de la Juventud.

La actual división político-administrativa (con las novedosas provincias de Artemisa y Mayabeque) está contemplada en la Ley 1304 de 1976, modificada recientemente por la Ley 110 de 2010.

La nota curiosa es que los nombres de las bisoñas provincias de Artemisa y Mayabeque responden a una deidad griega, la primera, hija de Zeus y Leto, amante de la caza, mientras que el segundo es autóctono, de una comunidad aborigen del lugar.

La Habana : Editorial Universitaria, 2013. -- ISBN 978-959-16-2178-8

Testamento

En su novela "El testamento de un excéntrico" (1899), Julio Verne nos narra lo dispuesto por un millonario en su **testamento** a la primera persona que llegue al final de "el noble juego de los Estados Unidos", basado en el "noble juego de la oca". En su versión, los jugadores son las fichas y todos los estados de la Unión norteña están representados como escaques en el tablero; el ganador heredaría una fortuna de 60 millones de dólares. Te recomiendo su lectura por lo trepidante de su acción.

Excentricidades aparte, en ese inverosímil **testamento** se recogía la voluntad del **testador**, a cumplir, por supuesto, después de su muerte.

Ahora puedes deducir su concepto: el **testamento** es un documento que recoge la última voluntad de un **testador**.

Como vimos en otra oportunidad, si lo escribe de su puño y letra, se denomina **testamento** ológrafo; si lo hace ante un notario, se llama entonces **testamento** notarial. Los ejemplos señalados corresponden a los denominados **testamentos** comunes. Existen otros para determinadas situaciones especiales, de igual manera regulados por el propio Código Civil.

El verbo **testar** (del latín ***trestare***, "tres de pies", por las formalidades exigidas entonces) o hacer testamento (latín ***testamentum***, testigo, cabeza) se solapan en la declaración que de su última voluntad hace una persona, disponiendo lo que se debe hacer con sus bienes para después de su muerte.

Los romanos de la antigüedad consideraban una vergüenza morir sin haber **testado**. Los cubanos otorgan cada vez más su última voluntad en los **testamentos** notariales.

El Código Civil cubano regula la sucesión **testamentaria** a partir de su artículo 476 y alcanza hasta el 508. Te sugiero que leas el primero (476) y el 483 para que corrobores el concepto de **testamento** que ofrece esta norma y los tipos que existen de él.

Si se fallece sin haber **testado**, se dice que la muerte, a los efectos del traspaso del patrimonio del fallecido, fue **intestada**.

Cierro el vocablo con esta frase de Menandro (343-291 a.n.e.), célebre dramaturgo griego: "Aquel a quien aman los dioses, muere joven".

A mí ellos no me han amado, ¿y a ti?

Testigo

El **testigo** (del latín ***testis***, cabeza) es la persona extraña a la contienda judicial que declara de manera legal sobre los hechos controvertidos de que tiene conocimiento directo o indirecto.

La presencia de **testigos** es usual en los procedimientos civiles, laborales y penales. La Ley de Procedimiento Civil, Administrativo, Laboral y Económico reserva sus artículos desde el 321 al 348 para la práctica de la prueba de **testigos**, en tanto que la Ley de Procedimiento Penal destina los artículos del 314 al 331 para el examen de los **testigos**.

Mas no siempre los **testigos** declaran ante los órganos contenciosos como los tribunales sino que también su testimonio es altamente valorado por notarios y registradores públicos en el ámbito de sus respectivas competencias.

Así los artículos 29 y 30 de la Ley de las Notarías Estatales (1984) y los números 62 y 63 del Reglamento de la Ley del Registro del Estado Civil (1985), entre otros, regulan la presencia de **testigos** en sus respectivos actos.

La teoría del Derecho en materia de **testigos** admite una larga relación de los mismos en su clasificación. Entonces tenemos **testigos** judiciales, **testigos** instrumentales, **testigos** necesarios, **testigos** singulares, **testigos** de conocimiento, donde cada uno de ellos se adecua a ciertas circunstancias específicas que no es del caso explicarlas.

Basta concluir con un aforismo judicial ya conocido y una cita del Digesto, los que se complementan:

Aforismo: ***Testis unus, testis nullus*** (o un **testigo, testigo** nulo).Libro XXII, título V, Ley 12: “Donde no se expresa el número de **testigos**, bastarán dos”.Y a propósito de la palabra: **testigo** es un sustantivo masculino, de lo que se desprende que por muy femenina que sea la mujer, siempre será “**el testigo**”.

Tratado

Las dinastías china, babilónica y egipcia concertaban acuerdos o **tratados** con pueblos vecinos que no podían sojuzgar.

La Habana : Editorial Universitaria, 2013. -- ISBN 978-959-16-2178-8

El **Tratado** de Tordesillas firmado en 1494 entre las monarquías española y portuguesa propició el descubrimiento de Brasil y el afianzamiento hispano en tierras americanas.

El **Tratado** de Westfalia (1648) puso fin a la llamada "Guerra de los Treinta Años" en Europa y su mapa político y religioso fue rediseñado a su tenor.

El **Tratado** de París de 10 de diciembre de 1898, tras la derrota colonial hispana en Cuba, firmado entre Estados Unidos de América y España, con la deliberada exclusión de las fuerzas independentistas mambisas, permitió la penetración norteamericana en nuestro país.

Los ejemplos de **tratados** pueden resultar inacabables. Entonces, ¿qué es un **tratado**?

Sobre la ilustración ofrecida se puede alcanzar esta definición: el **tratado** (del latín ***tractatus***, tratar) internacional es un acuerdo entre sujetos del Derecho Internacional Público, ante todo entre los Estados, en cuanto al establecimiento, cambio y terminación de sus derechos y deberes recíprocos en alguna esfera (económica, política, militar, cultural, científico-técnica, etc.).

El **tratado** es la fuente principal del Derecho Internacional Público.

El término "**tratado** internacional" es un concepto genérico que abarca diferentes tipos tales como acuerdo, pacto, convención, declaración u otros. Cualquiera que sea su denominación, todos los tratados tienen igual fuerza jurídica.

Si el **tratado** se concierta entre dos Estados se conoce como bilateral; si son más, entonces se denomina multilateral.

Nuestro país es signatario de numerosos **tratados**, en una u otra modalidad.

¡Investiga!

Tribunal

Del término latino ***tribunus*** (tribu, plataforma) proviene la castellana de **tribunal**.

El **tribunal** es un órgano integrado por jueces (en nuestro país, algunos profesionales, otros legos) destinado a la administración o impartición de justicia.

El artículo 1.1 de la Ley 82 de 1997 refrenda que los **tribunales** constituyen un sistema de órganos estatales, estructurado con independencia funcional de cualquier otro y subordinado jerárquicamente a la Asamblea Nacional del Poder Popular y al Consejo de Estado.

El sistema judicial cubano se integra por el **Tribunal** Supremo Popular (órgano jurisdiccional de superior jerarquía en el país), los **Tribunales** Provinciales Populares (uno por cada provincia), los **Tribunales** Municipales Populares y los **Tribunales** Militares.

Si lees el artículo 2.2 de dicha Ley, valorarás en él los principios fundamentales en la función judicial, de entre los cuales te reproduzco los siguientes:

"La justicia se imparte sobre la base de la igualdad de todos los ciudadanos ante la ley y el tribunal"."Las sentencias o fallos de los **tribunales** se pronuncian en nombre del pueblo

La Habana : Editorial Universitaria, 2013. -- ISBN 978-959-16-2178-8

de Cuba".“La justicia se dispensa gratuitamente".Concluyo con un principio del Derecho vinculado estrechamente a la función del juez de impartir justicia:

“El juez no se ha de enfurecer ni enternecer, sino administrar justicia".

Tributo

Cuando el legendario ladrón de los bosques de Sherwood, Robin Hood, decide atravesar un arroyo caminando sobre un tronco de árbol tendido entre sus orillas, surge la imponente figura del Pequeño Juan, exigiéndole a aquel que pagara por el uso del rústico puente. Robin se niega y combaten, y, por supuesto, tras el intercambio de golpes, el fornido Juan traba una entrañable amistad con Robin Hood, el héroe de Sherwood.

En la ilustración, el Pequeño Juan exigía a Robin el pago de un **tributo**.

El **tributo** (del latín ***tribuere***, de tribu), según la definición que ofrece el artículo 11 de la Ley 73 de 1994, es la prestación pecuniaria que el Estado exige, por imperio de la ley, con el objetivo de obtener recursos para el financiamiento de sus fines.

Los **tributos** existen desde ha mucho. Las tribus vencedoras (de aquí la voz) imponían **tributos** a las derrotadas, la iglesia creó el diezmo como **tributo** eclesiástico, el Real Consulado de la Agricultura y Comercio (1764) en la Cuba colonial fijó el **tributo** denominado *havería* de aplicación en los puertos antillanos para el enriquecimiento de la corona hispana, por solo citar tres ejemplos.

En concordancia con nuestra Ley del Sistema **Tributario**, los **tributos** pueden consistir en impuestos, tasas (no se trata de tazas de beber café) y contribuciones.

Según el propio texto legal, el impuesto es el **tributo** exigido al obligado a su pago, sin contraprestación (beneficio) específica, con el fin de satisfacer necesidades sociales (digamos, salud pública, educación, etc.). Un ejemplo es el impuesto sobre los ingresos personales.

La tasa es el **tributo** por el cual el obligado a su pago recibe una contraprestación de servicio o actividad del Estado (el Pequeño Juan intentaba cobrarle a Robin Hood este tributo). En nuestro país, la tasa de peaje se abona por los conductores de vehículos de motor cuando circulan por ciertos tramos de las carreteras.

La contribución o **tributo** para un destino específico, determinado que beneficia directa o indirectamente al obligado a su pago. El ejemplo por excelencia es el de la contribución a la seguridad social que asegura al trabajador en las contingencias del empleo como pueden ser los accidentes y la vejez.

Basta por el momento.

Te abandono con la siguiente frase pronunciada por el estadista e inventor norteamericano Benjamín Franklin (1706-1790):

“En este mundo nada hay cierto, salvo la muerte y los impuestos”.¡Frase digna de su ingenio!

La Habana : Editorial Universitaria, 2013. -- ISBN 978-959-16-2178-8

Tutela

Según consta en la Instituta (533 ne.) justinianea "la **tutela** es un poder sobre una cabeza libre, dado y permitido por el derecho civil, para proteger al que por motivo de su edad no puede defenderse por sí mismo".

Entonces, la **tutela** (del latín ***tutus***, mirada, guardia) supone la existencia de un incapaz que, para aquella época, eran los impúberes (los menores que no han arribado a la pubertad) y las mujeres.

En aquel tiempo, la **tutela** se ocupaba de los bienes del menor y el tutor (el que ejerce la tutela), administrarlos.

La institución de la **tutela** aparece regulada en los artículos del 137 al 166 del Código de Familia cubano.

Para nuestra sociedad, la **tutela** se constituirá judicialmente y su objeto es la guarda y cuidado, la educación, la defensa de los derechos y la protección de los intereses patrimoniales de los menores de edad que no están bajo patria potestad, así como la defensa de los derechos, la protección de la persona e intereses patrimoniales y el cumplimiento de las obligaciones civiles de los mayores de edad que hayan sido declarados judicialmente incapacitados.

En pocas palabras, la **tutela** se instituye sobre los menores de edad que no estén bajo patria potestad y sobre los mayores de edad declarados judicialmente incapaces.

En la constitución de la **tutela** intervienen, de una forma u otra, el fiscal y el tribunal competente del domicilio del **tutelado** (persona sobre la cual recae la protección) el que,

La Habana : Editorial Universitaria, 2013. -- ISBN 978-959-16-2178-8

propiamente, el órgano jurisdiccional, constituirá la **tutela** y nombrará al **tutor**.

El **tutor** representará al menor o incapacitado en todos los actos civiles o administrativos, salvo en aquellos que estos puedan realizar.

Te darás cuenta que esta institución suple las incapacidades que de manera temporal o definitivamente sufre el **tutelado**.

Sin dudas, la institución jurídica de la **tutela** romana fue un legado positivo al derecho contemporáneo ofrecido por la “casa del arte, pensamiento eterno”, como calificara Martí (1853-1895) a Roma.

Usucapión

La unión del prefijo ***usu*** (uso) al sufijo ***capion*** (mano) nos integra el vocablo **usucapión** o usar o coger con la mano. Por supuesto, institución romana.

La Habana : Editorial Universitaria, 2013. -- ISBN 978-959-16-2178-8

Si lees el próximo concepto que aparece más abajo, en él afirmamos que el transcurso del tiempo no convierte en propietario al usufructuario, pero en este sí confiere tal estado. En otras palabras, la **usucapión** puede convertir en propietario a su titular. Veamos.

La institución de la **usucapión** se reglamenta en los artículos del 184 al 190 del Código Civil. Disponen estos preceptos que se convierte en dueño de una cosa aquel que, sin ser su propietario, la posee a título de dueño, si en el supuesto concurren el transcurso del tiempo y si la posesión del bien o cosa ha sido pública, pacífica y no interrumpida.

Se da por descontado, que una cosa robada o hurtada nunca gozará de la tutela de la **usucapión** para convertir en dueño al ladrón. Ni tampoco si los bienes son de propiedad estatal, su poseedor se convertirá en propietario; en todo caso, será un usufructuario.

Existe un principio jurídico en el Digesto (Libro XLI, título III, Ley 38), en relación con la usucapión que dice: “El que posee a sabiendas cosa ajena, no puede **usucapir**”.

¡Hasta el sempiterno Cronos, padre de las deidades del Olimpo griego, puede influir en que se integre la **usucapión**, si con su divina presencia concurren los requisitos legales de nuestro Código Civil! Nada, los dioses domeñados por los hombres.

La Habana : Editorial Universitaria, 2013. -- ISBN 978-959-16-2178-8

Usufructo

Está muy en boga la entrega de tierras ociosas bajo el concepto de **usufructo**. La Ley de Reforma Agraria (1960) y la vigente Ley General de la Vivienda, emplean profusamente este término y su familiar, el de **usufructuario**.

Entonces, ¿qué es el **usufructo**?

Las voces latinas ***usus*** (uso) y ***fructus*** (fruto) conforman dicha palabra cuya significación no es otra que "usar los frutos".

Para los romanos, el **usufructo** es el derecho de usar y disfrutar de cosas ajenas (digamos tierras y casas). Para nuestro Código Civil (artículos 208 al 217) el usufructo da derecho al disfrute gratuito de bienes ajenos con la obligación de conservar su forma y sustancia, y el **usufructuario** está obligado a hacer uso del bien objeto del **usufructo** conforme a su destino.

Así las cosas, la persona que recibió en **usufructo** tierras del Estado cubano para su explotación agropecuaria, a tenor del Decreto-Ley 259 de 2008, está sujeta a los extremos más arriba consignados y a los dispuestos en esta última norma.

El **usufructo**, por mucho que se prolongue en el tiempo, nunca convertirá en dueño al usufructuario del bien.

El Libro VII del Digesto, en sus títulos I y IV, leyes 7 y 3, respectivamente, declara que:

"Todos los frutos de la cosa pertenecen al **usufructuario**"."El **usufructo** es personalísimo y como inherente a la persona, con ella se extingue".Ahora, una de nuestro idioma. Las caballerías que se entreguen al

La Habana : Editorial Universitaria, 2013. -- ISBN 978-959-16-2178-8

usufructuario se sobrentiende que son de tierras. Es redundante decir que "le entregaron tantas caballerías de tierras". ¿De dónde si no?

Veto

Si una sanción, entendida como firma en sentido negativo, está presente en un acto formal, se denomina **veto** (del latín ***vetare***, prohibir).

Es decir, el **veto** es un derecho que tiene un sujeto para vedar o impedir una cosa.

Los Estados Unidos de América, el Reino Unido de la Gran Bretaña e Irlanda del Norte, Francia, la República Popular de China y la Federación de Rusia gozan del derecho al **veto** en el Consejo de Seguridad de las Naciones Unidas, y por el abuso que ha hecho el primero de ellos con el referido derecho, ha tornado en muy ineficaz la labor pacificadora que se atribuye a este organismo internacional.

En fin, vetar es anular, prohibir, impedir.

La Habana : Editorial Universitaria, 2013. -- ISBN 978-959-16-2178-8

Víctima

He aquí una palabra que si bien tiene un referente lingüístico en latín, procede del alemán pero su raíz es sánscrita (***vinakti***) y quiere decir separar o poner aparte.

Es cierto, el **victimario** (el que arremete o ataca), como si fuese un predador en acecho, separa o escoge a su presa o **víctima**.

La palabra **víctima** tiene dos acepciones: persona que padece daño por culpa ajena o por causa fortuita, y como segunda, persona que muere por culpa ajena o por causa fortuita.

Aunque ambas acepciones se parecen, les distingue que, en la primera es cualquier daño, en tanto en la segunda, el daño se circunscribe a la muerte de la persona.

De lo anterior podemos colegir que en la perpetración de un delito se distinguen dos sujetos: el activo o autor o **victimario** y la **víctima** o sujeto pasivo, sobre la cual recaen los efectos del delito.

El término **víctima** se emplea expresamente en nuestro Código Penal en varios de sus artículos tales como los números 298 (violación), 299 (pederastia con violencia), 310 (corrupción de menores), 318 (difamación), 319 (calumnia), 320 (injuria), 324 (hurto) y 334 (estafa).

Algunas veces (más de la cuenta) se intenta identificar el sustantivo **víctima** y su calificativo de fatales (**víctimas** fatales) como sinónimo de **víctimas** fallecidas o muertas. ¡Craso error!

La Habana : Editorial Universitaria, 2013. -- ISBN 978-959-16-2178-8

Ni **víctima**, ni fatal, ni **víctima** fatal significan muerto o fallecido. En todo caso, **víctimas** mortales pero nunca **víctimas** fatales con tal connotación, ya que algunas de ellas quizás murieron y otras resultaron heridas o indemnes.

En fin, tanto un herido como un fallecido "por culpa ajena o por causa fortuita" es una **víctima**.

Dime cómo hablas y te diré quién eres.

Visa

La **visa** (del latín ***visus***, vista) es la autorización especial estampada en los pasaportes, de los correspondientes órganos de un Estado para la entrada, salida, residencia o tránsito de personas por el territorio de dicho país.

El sistema de **visados** está destinado a dar al Estado la posibilidad de controlar y regular el flujo de extranjeros al país.

Mucho se ha difundido actualmente la práctica de supresión de **visados** sobre la base de un acuerdo singular entre los correspondientes países. La Unión Europea es un ejemplo.

En la medida en que la intimidad integracionista de los países miembros del ALBA (Alianza Bolivariana para las Américas) se profundice, las **visas** desaparecerán para los naturales de cualquiera de ellos y podrán viajar de uno a otro sin necesidad de **visado**.

La Habana : Editorial Universitaria, 2013. -- ISBN 978-959-16-2178-8

Vista

Es un término estrictamente judicial utilizado en los procedimientos de tal naturaleza y con él, se llama así al acto que tiene por objeto el que el órgano jurisdiccional reciba públicamente instrucción o ilustración de una causa o pleito.

Los artículos 355 y 356 de la Ley de Procedimiento Civil, Administrativo, Laboral y Económico disponen la celebración de la **vista**, a reserva de su solicitud por las partes litigantes, y dentro de los plazos fijados en los propios preceptos.

En la **vista**, las partes ilustrarán al tribunal sobre los extremos que consideren oportunos a su causa, dentro de los márgenes del proceso en cuestión.

La comparecencia laboral no es más que una **vista** adecuada a este proceso, pero también en ella las partes harán las alegaciones que convengan a sus derechos.

En fin, la **vista** judicial es un acto procesal caracterizado por la activa participación de las partes litigantes, donde alegan sus posiciones de derecho en pos de la decisión judicial.

Finalmente, analiza el siguiente principio general sobre los pleitos: "En lo civil, el juez es neutro y se atiene y concreta a lo alegado y probado por las partes".

La Habana : Editorial Universitaria, 2013. -- ISBN 978-959-16-2178-8

Voto

Los romanos **votaban** en los comicios curiados, centuriados o tribales de antaño, al elegir a sus representantes.

Desde entonces el **voto** (del latín ***votum***, deseo, ruego) se asocia a comicios (latín ***comitia,*** echar, emitir) para darnos la percepción de reuniones o actos electorales donde sus participantes **votan** y eligen para cargos o dignidades.

El artículo 131 de nuestra Constitución refrenda el derecho de todos los cubanos, hombres y mujeres, con capacidad legal para ello, a emitir su **voto**, libre, igual y secreto para intervenir en la dirección del Estado. Así lo recoge también el artículo 3 de la Ley Electoral de 1992.

El propio texto legal, en su artículo 5 dispone que los cubanos de 16 años de edad, en el pleno goce de sus derechos políticos, sin estar comprendidos en las excepciones previstas en la Constitución y en la ley, tienen derecho a participar como electores en las elecciones periódicas (cada dos años y medio para elegir a los delegados a las Asambleas Municipales del Poder Popular; cada cinco años, para elegir a los delegados a las Asambleas Provinciales del Poder Popular y a los diputados a la Asamblea Nacional del propio Poder Popular) y referendos (consulta al pueblo sobre un asunto de interés común, tal como fue en el año 2002 sobre reformas a la Constitución) que se convoquen.

Estoy convencido, amigo lector, que al menos habrás participado en alguno de nuestros sufragios (del latín ***suffragium***, apoyo) activo (para elegir candidatos) o pasivo (para ser elegido como delegado o diputado) en nuestro

La Habana : Editorial Universitaria, 2013. -- ISBN 978-959-16-2178-8

proceso electoral y así integrar, los elegidos, nuestros órganos de gobierno en sus diferentes instancias.

Como pincelada histórica al respecto, te cuento que la **votación** sólo era incumbencia de hombres y las mujeres no votaban. Con el tiempo esta situación cambió radicalmente. Nuestras féminas lograron la igualdad formal en la **votación** en la década de los cuarentas del siglo XX. En un país de tanta tradición democrático burguesa como la Confederación Helvética o Suiza, las mujeres lograron el derecho al **voto** en el año de 1971.

Pero aquí no terminan las cosas en torno a la palabra **voto** (¡Nunca la confundas con boto!).

Nuestros jueces, profesionales y legos, también **votan** en el seno de sus deliberaciones judiciales, cuando es sometido a su consideración algún asunto (administrativo, civil, penal) y sobre el cual están obligados a pronunciarse, de una forma u otra. Así lo disponen nuestras leyes de trámites procesales.

Culmino con la reproducción de este principio general de Derecho, aplicado a los jueces: "El que tiene facultad para condenar, la tiene para absolver".

***Finis coronat opus*.**

La Habana : Editorial Universitaria, 2013. -- ISBN 978-959-16-2178-8

BIBLIOGRAFÍA

1. Arzola Fernández, José Luís y Pérez Echemendía, Marzio Luís: Expresiones y términos jurídicos; Editorial Oriente, Santiago de Cuba, 2009 (346 p).
2. Fernando Carr Parúas, Fernando: El Libro Primero de los Gazapos: Editorial Ciencias Sociales, La Habana, 2010 (345 p).
3. ______________________________: El Libro Segundo de los Gazapos; Editorial Ciencias Sociales, La Habana, 2011 (405 p).
4. ______________________________: El Libro Tercero de los Gazapos; Editorial Ciencias Sociales, La Habana, 2012 (349 p).
5. Dihigo y López Trigo, Ernesto: Derecho Romano; Editorial Félix Varela, La Habana, 2006, 3 t.
6. Diccionario de Biografías; Editorial Océano, Barcelona, España, 2008 (1072 p).
7. Carreras Cuevas, Delio; Fernández Bulté, Julio y Yánez García, Rosa: Manual de Derecho Romano; Editorial Pueblo y Educación, La Habana, 1982 (263 p).

La Habana : Editorial Universitaria, 2013. -- ISBN 978-959-16-2178-8

8. Fernández Bulté, Julio: Siete milenios de Estado y de Derecho; Editorial Ciencias Sociales, La Habana, 2008, 2 t.

9. Mallol García, José y Orti Miralles, Francisco: Diccionario jurídico-legislativo; Editorial Orti, Valencia, España, 1950 (1428 p).

10. Matilla Correa, Andry: Estudios sobre historia del Derecho en Cuba; Editorial de Ciencias Sociales, La Habana, 2009 (399 p).

11. Nuevo Océano UNO: Diccionario Enciclopédico Color; Editorial Océano, Barcelona, Edición 2010 (1784 p).

12. Webster Seventh New Collegiate Dictionary; Editorial Pueblo y Educación, La Habana, 1975 (1221 p).

La Habana : Editorial Universitaria, 2013. -- ISBN 978-959-16-2178-8

Arturo Manuel Arias Sánchez (Sancti Spiritus,1946)

Su vida profesional ha transitado desde el desempeño pedagógico hasta el ejercicio del Derecho.

Como profesor de Biología, laboró en centros de enseñanza media superior en su provincia; luego, ejerció la asesoría legal de personas jurídicas.

Desde 1991 es profesor de Derecho,a tiempo parcial, en la hoy Universidad de Sancti Spíritus. Ostenta la categoría docente de Profesor Auxiliar.

Ha escrito varios artículos y libros para publicaciones nacionales y extranjeras. Es divulgador,en las emisoras locales, de la legislación cubana vigente.

www.ingramcontent.com/pod-product-compliance
Ingram Content Group UK Ltd.
Pitfield, Milton Keynes, MK11 3LW, UK
UKHW022024190726
13853UKWH00005B/2097

9 789591 621788